Schriften

des

Vereins für Socialpolitik.

129. Band. Zehnter Teil.

Gemeindebetriebe.

Neuere Versuche und Erfahrungen über die
Ausdehnung der kommunalen Tätigkeit in Deutschland
und im Ausland.

Zweiter Band.

Zehnter Teil.

Leipzig,
Verlag von Duncker & Humblot.
1910.

Die Gemeindebetriebe

in den

Städten, Kreisen und Landgemeinden des Oberschlesischen Industriebezirks.

Von

Dr. **Heinrich Lücker,**
besoldetem Gemeindevorsteher in Roßberg, O.-S.

Der Gemeindebetriebe zweiter Band. Zehnter Teil.

Mit einer Karte des Oberschlesischen Industriebezirks.

Im Auftrag des Vereins für Socialpolitik
herausgegeben von
Carl Johannes Fuchs.

Leipzig,
Verlag von Duncker & Humblot.
1910.

Alle Rechte vorbehalten.

Pierersche Hofbuchdruckerei
Stephan Geibel & Co.
Altenburg

Vorwort.

Die vorliegende Arbeit bezweckt die Darstellung der Gemeindebetriebe eines dicht bevölkerten Industriezentrums, dessen Gemeinden, von den Städten abgesehen, erst den letzten Jahrzehnten ihre Entstehung verdanken. Die Untersuchung erstreckt sich über 6 Städte, 4 Landkreise, unter ihnen einer mit vorwiegend ländlichem Charakter und 31 industrielle Landgemeinden über 5000 Einwohner. Das Material ist vorwiegend den Etats und Verwaltungsberichten der Städte und Kreise sowie den Haushaltsplänen der Landgemeinden entnommen worden. Verwaltungsberichte der Landgemeinden sind leider noch nicht erschienen.

Die Untersuchungen legen den Hauptwert auf die volkswirtschaftliche und finanzwissenschaftliche Seite der Betriebsverwaltungen. Wir haben davon abgesehen, auf die sozialpolitischen Verhältnisse, insbesondere auf die der Arbeiter der Betriebe, näher einzugehen. Die bisher erschienenen Arbeiten haben hierüber erschöpfendes Material ergeben.

Auf der Wiener Tagung ist das finanzielle gegen das politische Moment der Gemeindebetriebe zurückgetreten. Es kann keinem Zweifel unterliegen, daß die wachsende Klientel städtischer Angestellter und Arbeiter die Kämpfe um die Macht in den Stadtparlamenten in den kommenden Jahren in steigendem Maße beeinflussen wird. Die Gefahr liegt unzweifelhaft vor, daß die Parteien bei den Wahlkämpfen durch Versprechungen um die Stimmen der städtischen Beamten und Arbeiter werben werden. Ganz abgesehen von den Gefahren, die hierin für die Disziplin liegen, ist auch die Besorgnis nicht von der Hand zu weisen, daß ein derartiges Hineinziehen der städtischen Verwaltung in die Wahlkämpfe ein Hemmnis für die gesunde Entwicklung unserer Städte bildet. Unseres Erachtens kann es hier nur ein Heilmittel geben, so radikal es auch sein mag. Das Wahlrecht der Beamten und Arbeiter zu den Gemeindevertretungen muß ruhen, so lange sie sich im Dienste der Stadt befinden. Hingegen werden die hiervon Betroffenen in anderer Weise für die Verkürzung ihrer politischen Rechte entschädigt werden müssen. Dies kann durch die Bildung von Beamten und Arbeiterausschüssen geschehen, die den Beteiligten Gelegenheit zur Äußerung ihrer Wünsche geben.

Wenn ich die vorliegenden Untersuchungen der Öffentlichkeit übergebe, so geschieht dies nicht ohne Bedenken, denn die Ergebnisse dieser Arbeit weichen in manchen Punkten von der herrschenden Meinung ab. Ich würde mich freuen, wenn diese Schrift zur Vertiefung der von mir berührten Probleme führen würde.

Roßberg-Beuthen, O.-S., den 20. Dezember 1909.

Der Verfasser.

Inhalt.

		Seite
I.	Wirtschaftliche und kommunale Verhältnisse des Industriebezirks	1
II.	Die Träger des Munizipalsozialismus	12
III.	Das System des Munizipalsozialismus	15
	a) Betriebe zur Befriedigung des Konsums	15
	1. Gaswerke	15
	2. Wasserversorgung	20
	3. Elektrizitätsversorgung	24
	4. Märkte, Markthallen	31
	b) Betriebe zur Befriedigung des Kredits	36
	5. Sparkassen	36
	6. Kreisbanken	47
	7. Leihhäuser	49
	c) Betriebe im Dienste des Verkehrs	50
	8. Kleinbahnen	50
	d) Betriebe im Dienste der Gesundheitspflege	54
	9. Schlachthöfe	54
	10. Kanäle, Müllverbrennung	56
	e) Betriebe im Dienste der Polizei und der öffentlichen Sicherheit	61
	11. Kommunale Wach- und Schließanstalten	61
	12. Polizeibauämter	61
	f) Betriebe zur Förderung der Landwirtschaft	62
	13. Betriebe zur Hebung der Viehzucht	62
	14. Kreisbaumschule	63
	15. Kreisviehversicherung	63
	g) Betriebe im Dienste der Kunst und der Volksbildung	64
	16. Theater, Volksheime	64
	h) Grundeigentum	65
	17. Bodenpolitik	65
	18. Parkanlagen	67
IV.	Die finanzielle Bedeutung der Gemeindebetriebe	69
V.	Schluß. Rückblick	80

I.
Wirtschaftliche und kommunale Verhältnisse des Industriebezirks.

Das oberschlesische Industriezentrum ist das einzige des deutschen Ostens. Von Zollschranken umgeben, liegt es im äußersten Südosten des Staates an der Dreikaiserreichsecke. Seine Förderstühle und Essen sind die Wahrzeichen, die deutscher Unternehmungsgeist und deutsche Tüchtigkeit an der Grenze abendländischer Kultur errichtet haben.

Das Land gehört seit der Eroberung Schlesiens durch Friedrich den Großen zu Preußen. Die Sprache der Mehrheit seiner Bewohner ist nicht die deutsche. Es ist ein Dialekt ohne eigene Literatur und Grammatik, ein Gemisch von Mährisch, Deutsch und Polnisch, das „Wasserpolnische", das sich in wesentlichen Punkten vom Hochpolnischen unterscheidet. Ausnahmslos deutsch ist die Oberschicht der höheren Staats= und Privatbeamten, vorwiegend deutsch der Mittelstand. Der breite Unterbau der Arbeiterbevölkerung ist meist slavisch. In den Städten überwiegt die deutsche Bevölkerung. In den Landgemeinden ist drei Viertel der Einwohner polnisch. Von den 785 000 Einwohnern des Bezirkes sprechen 275 000 Deutsch, 30 000 Deutsch und Polnisch und 470 000 Polnisch. Selbst wenn man die Doppelsprachigen zu den Deutschen rechnet, entfallen noch immer 60 % auf die fremdsprachige Bevölkerung.

Oberschlesien verdankt seine Entwicklung seinem Reichtum an Bodenschätzen. Am häufigsten ist das Vorkommen von Kohle. Daneben finden sich oft auf denselben Feldern hochwertige, meist mit Blei vermengte Zinkerze. Die Eisenerze sind bis auf geringe Reste abgebaut. Ein ansehnlicher Teil der Kohlen wird nach auswärts verfrachtet. Sie gehen nach Österreich und Ostdeutschland. Ihr Absatz erstreckt sich bis in die Gegend von Berlin, das mit englischer und schlesischer Kohle seinen Bedarf deckt. Die Arbeiterbevölkerung ist dank einer langen bergmännischen Tätigkeit für den Abbau der Kohle vortrefflich geschult. Mindergünstig steht es um die Veredlungsproduktion, um deren Verpflanzung in den Bezirk sich die Großindustrie anerkannte Verdienste erworben hat. Die Zinkerzeugung Oberschlesiens war bis vor wenigen Jahren die bedeutendste der Welt, als sie von der der Vereinigten Staaten überholt wurde. Der hohe Wert und die Seltenheit dieses Metalls sichern ihm einen unbeschränkten Wettbewerb in Mitteleuropa. Weniger günstig steht es mit der Eisenindustrie. Ihre Erze werden von geringen Mengen abgesehen aus Schweden, oft auch aus anderen Ländern bezogen. Der extreme Zollschutz, den Rußland seiner Eisenindustrie gewährt, kommt dem Einfuhrverbot deutscher Fabrikate gleich. Nicht ganz so schlimm, aber auch nicht zum besten ist es mit der Ausfuhr nach Österreich-Ungarn bestellt. Für die reichsdeutschen Absatzgebiete liegt der oberschlesische Eisenmarkt nicht günstig. Es fehlen ihm Wasserstraßen, die der schweren Industrie des Westens und der an den Seeküsten sich ansiedelnden ihren Wettkampf erleichtern. Die Hochöfen liegen 50 km von der Oder. Der unter Friedrich dem Großen erbaute Klodnitzkanal zweigt bei Kosel ab und endigt in Gleiwitz, dem äußersten Westen des Industriebezirks. Er hat zu geringe Breite und Tiefe, als daß er für den Wassertransport in Frage käme. So ist denn die Industrie vorzugsweise auf den Schienenweg angewiesen. Die Eisenindustrie befindet sich zurzeit im zweiten Stadium. Das in den Hochöfen gewonnene Material wird zu Schienen und Röhren verarbeitet. Eine neue der Veredlung des Roheisens sich widmende Industrie ist in mächtiger Ausdehnung begriffen. Die Zahl der Maschinenfabriken nimmt zu. Zur vierten Stufe, zur Feinmechanik, sind erst wenige Ansätze vorhanden. Von der Entwicklung dieses Zweiges wird zu einem großen Teil die des Bezirkes abhängen, soll er nicht zu einem reinen Kohlenrevier werden.

Der Bergbau blickt auf ein hohes Alter zurück. Die älteste und bedeutendste Privatunternehmung, die Bergwerksgesellschaft von Giesches Erben, ist in das dritte Jahrhundert ihres bedeutsamen Wirkens getreten. Die neuere Entwicklung des Bergbaues knüpft sich an den Namen zweier Männer, des Freiherrn von Heinitz, den Friedrich II. 1770 an die Spitze der Preußischen Bergwerks- und Hüttenverwaltung stellte, und den des Oberberghauptmannes Freiherrn von Reden, seines späteren Nachfolgers, des Begründers des fiskalischen Berg- und Hüttenbetriebes in Oberschlesien. Der Aufstieg des Industriezentrums zu seiner heutigen Bedeutung ist ein Werk der Neuzeit. Es verdankt sie dem Eisenbahnbau. Vom Fiskus und von Giesches Erben abgesehen, ist die Entwicklung in erster Linie der wirtschaftlichen Betätigung der Magnaten zu verdanken, deren bedeutendster und erfolgreichster uns in dem Fürsten Henckel von Donnersmarck entgegentritt. Neben ihnen haben auch andere Unternehmer, die Gunst der Verhältnisse benutzend, bedeutende Betriebe geschaffen. Wir nennen die Thiele-Wincklerschen Werke, jetzt Kattowitzer Aktiengesellschaft, die von Karl Godulla begründeten heute Gräflich Schaffgotschen Besitzungen und andere. Die

1. Wirtschaftliche und kommunale Verhältnisse des Industriebezirks. 3

Hütten- und Maschinenindustrie verdankt ihre Entstehung mehr dem Privatkapital, so das Borsigwerk, die Bismarckhütte und die Friedenshütte.

Das Industriezentrum deckt sich mit Ausnahme der früher zum Kreise Tost-Gleiwitz gehörenden Stadt Gleiwitz mit dem alten Gesamtkreis Beuthen. 1849 hatte dieser nur 85000 Einwohner. Sein nördlich von Tarnowitz gelegener Teil hat seinen landwirtschaftlichen Charakter bewahrt. Die Strecke Gleiwitz-Myslowitz (35 km) bildet die Grundlinie des Dreiecks, dessen größte Breite zwischen Tarnowitz und Antonienhütte (20 km) gemessen wird. Neuerdings zieht sich der Bergbau nach dem südlich liegenden Kreis Pleß. Zu Städteneubildungen ist es in ihm noch nicht gekommen. Der Tarnowitzer Bergbau, der älteste des Landes, hat seine einstige Bedeutung eingebüßt. Der Industriebezirk besaß seit alters her vier Städte. Gleiwitz und Myslowitz im Osten und Westen, Tarnowitz im Norden und Beuthen in der Mitte. Zu ihnen sind im Laufe der Zeit nur zwei hinzugetreten, Königshütte und Kattowitz. Der ländliche Teil des Kreises trug vor 50 Jahren vorwiegend das markante Gepräge der Latifundienwirtschaft. Er umfaßte 84 selbständige Gutsbezirke und 109 Landgemeinden. Keine einzige von ihnen wies eine für heutige Verhältnisse bemerkenswerte Bevölkerung auf.

Der 1. Januar 1874 bedeutete den Wendepunkt für die kommunale Verfassung. Der alte Gesamtkreis Beuthen wurde aufgelöst. Der Norden wurde zum Landkreis Tarnowitz erhoben, während für den Osten und Westen neue Kreise, Zabrze und Kattowitz, gebildet wurden. Die Mitte blieb als Restkreis Beuthen erhalten. Nach der Kreisordnung von 1872 können Städte über 25000 Einwohner ihre Erhebung zu Stadtkreisen beantragen. Hiervon haben Kattowitz, Beuthen und Königshütte Gebrauch gemacht. Die gewaltige Entwicklung in neuerer Zeit findet ihren trefflichen Ausdruck in der Bevölkerungsziffer:

Nach der Zählung von 1905 betrug die Einwohnerzahl:

		1908
Gleiwitz (Stadt)	61 000	—
Tarnowitz	69 000	73 000
Beuthen (Stadt)	60 000	—
Beuthen (Land)	168 000	181 000
Königshütte	66 000	—
Zabrze	139 000	150 000
Kattowitz (Stadt)	35 000	41 000
Kattowitz (Land)	183 000	197 000
insgesamt	781 000	

I. Wirtschaftliche und kommunale Verhältnisse des Industriebezirks.

Der Bezirk hat trotz dichter Bevölkerung keine Großstadt. Gleichbezeichnend ist für ihn, daß es in Preußen keinen einzigen Landstrich gibt, auf dem Landgemeinden von solcher Größe und solcher Zahl auf gleich engem Raume vereinigt sind.

Im Landkreise Beuthen hatten

	1905	1908
über 10 000 Einwohner:		
Bismarckhütte	18 400	21 500
Lipine	17 200	16 600
Roßberg	17 900	19 700
Schwientochlowitz	14 600	15 100
über 5000 Einwohner:		
Bobrek	6 000	7 100
Chropaczow	6 600	7 000
Deutsch-Piekar	8 100	8 500
Hohenlinde	8 900	9 700
Karf	5 100	5 700
Miechowitz	7 500	8 600
Neu-Heiduk	6 100	5 600
Orzegow	6 700	7 400
Scharley	9 800	10 300
größere Gutsbezirke:		
Orzegow	5 700	5 800
Schwientochlowitz	6 700	7 200
Chropaczow	2 400	2 500
Miechowitz	1 800	2 600
Kreis Kattowitz:		
Stadt Myslowitz	15 800	16 800
Landgemeinden über 10 000 Einwohner:		
Bogutschütz	20 000	21 800
Domb	10 800	12 000
Laurahütte	15 000	16 200
Siemianowitz	15 300	17 000
Zalenze	13 300	14 300
Rosdzin	10 400	11 300
über 5000 Einwohner:		
Chorzow	9 100	10 200
Eichenau	7 300	7 600

I. Wirtschaftliche und kommunale Verhältnisse des Industriebezirks.

Kochlowitz	6 100	6 900
Neudorf	6 200	7 700
Schoppinitz	8 800	8 600
größere Gutsbezirke:		
Antonienhütte	8 400	8 800
Bittkow	2 600	—
Bärenhof	1 500	—
Kreis Tarnowitz:		
Stadt Tarnowitz	12 700	12 900
Mikultschütz	9 500	11 900
Radzionkau	9 300	9 600
Gutsbezirk Radzionkau . . .	2 100	2 100
Kreis Zabrze:		
Zabrze	55 000	61 000
Zaborze	26 000	26 900
Ruda	13 000	12 800
Biskupitz	12 500	13 900
Bielschowitz	10 000	10 900
Gutsbezirk Ruda	3 600	4 400

Von den Landgemeinden hatten 1908 eine Bevölkerung:

über 60 000 Einwohner	. . .	1
25—30 000 „	. . .	1
20—25 000 „	. . .	2
15—20 000 „	. . .	6
10—15 000 „	. . .	9
5—10 000 „	. . .	12
über 5 000	zusammen	31

Inzwischen hat sich ihre Bevölkerung noch weiter vermehrt. Von ihnen könnten, sofern sie Städteordnung besäßen, Zaborze und Zabrze eigene Kreise bilden, im Verlaufe weniger Jahre könnten Bismarckhütte, Bogutschütz und Roßberg folgen. Die Regierung scheint indessen entgegen ihrer Politik bei den Berliner Vororten den Landgemeinden trotz ihres unzweifelhaft städtischen Charakters die Städteordnung nicht verleihen zu wollen. Die Landgemeinden erstreben aus diesem Grunde eine neue Kommunalverfassung, die zwar im Prinzip an der Landgemeindeordnung festhält, aber den Orten über 10 000 Einwohner eine Reihe erweiterter Befugnisse gibt. Die von ihnen gewünschten Änderungen sind so erheblich, daß für den Fall der Erfüllung ihrer Wünsche ein Mittelding zwischen Städte= und Landordnung geschaffen würde[1]. Auch in der Lage seiner Wohnplätze weist das Industriezentrum abnorme Verhältnisse auf. Im rheinisch-westfälischen Bezirk wachsen die Gemeinden aneinander, so daß er in gewissem Sinne eine einzige Stadt darstellt. Anders in Oberschlesien. Die Ursache liegt an dem sich schon in geringen Tiefen abspielenden Bergbau. Er macht aus diesem Grunde die Errichtung von Gebäuden auf unterbautem Gelände unmöglich. Anderseits nötigt der hohe Wert des abbauwürdigen Landes zur Beschränkung der Wohnplätze auf das geringste Maß. Die Gemeinden heben sich scharf voneinander ab, selbst wenn sie dicht beieinander liegen. Die Mietskaserne ist der Typ des Wohnhauses. In zahlreichen Orten entfällt auf 50 Einwohner ein Haus. Eingemeindungsbestrebungen großen Stiles wie im Westen sind nur in geringem Umfange hervorgetreten. In ländlichen Bezirken ist es zwar mehrfach zu Eingemeindungen gekommen, so die Bildung Zabrzes aus Alt-, Klein-Zabrze und Dorotheendorf, von Bismarckhütte aus Ober- und Niederheiduk, von Hohenlinde aus Ober- und Mittellagiewnik, die Roßbergs aus Roßberg und Neuguretzko. In den anderen Kreisen haben die Eingemeindungsbestrebungen nur einen geringen Umfang angenommen. Auf einem Gebiete sind die Bemühungen fast ganz erfolglos geblieben, dem der Vereinigung der industriellen Gutsbezirke mit den Nachbargemeinden, obwohl sich hier im Laufe der Jahre ganz unhaltbare Zustände ergeben haben. Beuthen hat mehrfach Grenzregulierungen erlangt. Indessen scheint die Eingemeindung des mit ihm verwachsenen Roßberg wenig aussichtsvoll. Auch in Kattowitz, das mit Zalenze, Bogutschütz und Domb 90000 Einwohner zählt, liegen die Dinge für eine Verschmelzung nicht günstig. Glücklicher ist Gleiwitz gefahren, das seine Grenzen 1897 über Paulsdorf und Brynek (14000 Einwohner) ausdehnte.

Im allgemeinen tragen die Städte im Vergleich zu den Landgemeinden einen mehr merkantilen Charakter, während bei diesen der industrielle überwiegt. Beuthen und Gleiwitz haben Landgerichte und Garnisonen. Kattowitz ist Sitz einer Eisenbahndirektion.

Beuthen ist eine ausgesprochene Behörden- und Handelsstadt[2]. 1890 aus dem Landkreise ausgeschieden, ist es von allen Städten die gefestigste. Es verdankt seine günstige finanzielle Lage neben seinem folgerichtig durch-

---

[1] Diese Bestrebungen verfolgt der Verband der größeren preußischen Landgemeinden.

[2] 9 km von Beuthen liegt der frühere Gutsbezirk mit dem Stadtteil Schwarzwald (16000 Einwohner). In ihm befindet sich die Friedenshütte. Er kann nur kommunalpolitisch zu Beuthen gerechnet werden.

gebildeten Munizipalsozialismus dem bedeutenden ihm von vergangenen Geschlechtern überkommenen Vermögen.

Ein anderes Bild tritt uns in der drittgrößten Stadt der Provinz in Königshütte entgegen, einer Gründung der 60er Jahre, mit der sich das Manchestertum preußischer Staatsbeamter kein Denkmal des Ruhmes gesetzt hat. 1865 wurde eine Reihe von Arbeiterkolonien zu einer Stadt vereinigt, die ihre Wirksamkeit ohne Vermögen und Abfindung beginnen mußte, „deren Verwaltung durch die massenhafte arme Bevölkerung, durch die jahrelange Vernachlässigung aller Gemeindeverhältnisse und durch die vom Fiskus herbeigeführte Zerstreuung der Wohnplätze ungewöhnliche Kosten verursachen mußte. Mit ihr hatte der Fiskus eins erreicht, daß er die Gemeinde- und die von Jahr zu Jahr in erschreckender Weise steigenden Schullasten nicht mehr zu tragen brauchte"[1].

Um dieselbe Zeit hat sich die Gründung einer zweiten Stadt vollzogen, die ihre Entwicklung vornehmlich ihrer geographischen Lage verdankt. Kattowitz ist der Ausgangspunkt mehrerer Eisenbahnlinien im eigenen Lande und nach dem Ausland. In neuerer Zeit hat sich die Handelsstadt mehr zu einer Wohnstadt entwickelt, vor allem seit sie 1895 zum Sitz einer Eisenbahndirektion erhoben wurde.

Das an der Dreikaiserreichsecke gelegene Myslowitz ist Handels- und Industriestadt. Die zu große Nähe der Grenze ist seiner Entwicklung nicht günstig.

Gleiwitz, das seine Geschichte bis ins 13. Jahrhundert zurückführt, gehört zu den ältesten Städten des Landes. Es ist in gleichem Maße Handels-, Industrie- und Beamtenstadt.

Tarnowitz ist die nördlichste der rein städtischen Siedelungen. Einst die Wiege und das Zentrum des Bergbaues, heute „der Musen Witwensitz," dessen Bergschule und Knappschaft an jene Tage gemahnen, wo der junge Goethe dem damaligen Hauptorte des Bergbaues sein berühmtes Epigramm widmete. Die Stadt hofft nicht mit Unrecht, daß ihr, die ihre heutige Bedeutung vornehmlich den zahlreichen in ihr befindlichen Behörden und Anstalten verdankt, einst bessere Tage beschieden sein mögen, wenn es im Industriebezirk an Raum für die Herstellung von Fertigfabrikaten gebrechen sollte.

Während diese von jeher oder seit langem nach der Städteordnung verwalteten Gemeinwesen eine rein städtische Entwicklung aufweisen, haben sich die Verhältnisse in den Landgemeinden ungleich anders entwickelt. Noch

---

[1] Silbergleit, Die deutschen Städte, S. 79.

vor 40 Jahren hatte keine von ihnen einen anders als dorfartigen Charakter. Sie verdanken ihre Entwicklung dem Berg- und Hüttenbetriebe. Wenn sich des Dichters Wort, daß Gesetz und Rechte sich wie eine ewige Krankheit forterben, irgendwo in der kommunalen Entwicklung bewahrheitet hat, dann ist es bei ihnen gewesen. Ihr Werdegang ist in ungewöhnlichem Maße durch veraltete[1] Gesetze gehemmt worden, dessen folgenschwerstes die Kreisordnung ist. Zu jedem Dorfe gehörte ein Dominium, zu jeder Dorfgemeinde ein Gutsbezirk. Welche Zustände sich bei beginnender Industrialisierung in den 40er und 50er Jahren herausbildeten, hat Solger mit schonungsloser Offenheit gezeichnet[2]. Das Jahr 1848 hatte zwar mit der patrimonialen Gerichtsbarkeit aufgeräumt, nachdem schon 40 Jahre zuvor das Oktoberedikt des Jahres 1807 den Bauern ihre persönliche Freiheit gegeben hatte. Die Mißstände, die sich auf steuerlichem Gebiete im Laufe des 19. Jahrhunderts und neuerdings trotz der Miquelschen Gesetzgebung herausgebildet haben, mögen an anderer Stelle geschildert werden. Die Kreisordnung von 1872 hatte die gutsherrliche Polizei formell abgeschafft. Wie sehr indessen die Gutsherrschaften ihren Einfluß in den Kreistagen bis zum heutigen Tage für die tatsächliche Aufrechterhaltung dieses Zustandes durchzusetzen vermocht haben, mag daraus hervorgehen, daß von den elf Amtsbezirken des Kreises Beuthen bis vor kurzem noch acht durch Beamte des Großkapitals verwaltet wurden. Zu den Gemeinden, denen auf diese Weise die Polizei vorenthalten wurde, gehörten bis vor kurzem von größeren Ortschaften Bismarckhütte, Roßberg, Schwientochlowitz, Hohenlinde und Miechowitz. Von den 18 Amtsbezirken des Kreises Kattowitz haben die Gemeinden nur in sieben die Polizei. Allerdings sind wenigstens die großen in deren Besitz. Im Kreise Zabrze hat keine einzige Gemeinde die Polizei. Der Hauptübelstand liegt indessen an dem Aufbau der Lokalverwaltung der ostelbischen Landesteile, der nur auf dörfliche Verhältnisse zugeschnitten ist. Während die rheinische Landgemeindeordnung als ersten Berufsbeamten, dessen Anstellung erfolgen muß, den Bürgermeister vorsieht, ist die Gemeindeverfassung des Ostens andere Wege gewandelt. Sie hat zuerst mittlere Beamte im Hauptamt angestellt und an der Beibehaltung ehrenamtlicher Polizeiverwalter und Gemeindevorsteher noch zu einer Zeit festgehalten, wo der Umfang der Geschäfte deren nebenamtliche Verwaltung ausschloß. In der zu späten Anstellung leitender Berufsbeamter muß die

---

[1] Landrat Dr. Trappenberg in der Sitzung des Kreistages Beuthen vom 7. Dezember 1909. „Die Kreisordnung paßt auf unsere Verhältnisse in keiner Weise."

[2] Der Kreis Beuthen in Oberschlesien, von Hugo Solger, Regierungsassessor, Breslau, bei Korn 1860.

I. Wirtschaftliche und kommunale Verhältnisse des Industriebezirks.

Ursache für die Hauptunterlassungssünden bei den Landgemeinden gefunden werden. Heute hat sich der Übergang vom unbesoldeten zum besoldeten Gemeindeoberhaupt fast allenthalben vollzogen.

Die Mängel der Entwicklung der Gemeinden liegen auch auf einem anderen Gebiete. Die Gutsbezirke waren nicht in der Lage, diejenigen Einrichtungen zu treffen, deren Schaffung die Gesetzgebung erforderte. Die Bildung zahlreicher Zweckverbände war die Folge dieses Zustandes. Die Entwicklung der Gemeinden wurde dadurch gehemmt, daß man beim Fehlen geeigneter Verbandsvorsteher sich immer wieder mit dem Personal der Gutsherrschaften behalf, statt mit Hilfe der Verbandsvorsteherbesoldung zur Anstellung besoldeter Gemeindevorsteher zu schreiten. So sind die Landgemeinden erst zur Schaffung städtischer Verwaltungen übergegangen, als ihre Verhältnisse schon längst städtisch geworden waren. Sie sind in gewissem Sinne noch heute mit Staaten zu vergleichen, die sich ihren höchsten Kulturaufgaben noch nicht haben widmen können, da sie noch zu sehr mit Existenzfragen befaßt sind. Und dazu kam noch eins, die Inanspruchnahme der Verwaltung durch die Volksschule, die in Oberschlesien den Mittelpunkt der kommunalen Wirksamkeit bildet. Zu diesen Schwierigkeiten gesellten sich finanzielle. Die Städte haben hierin manches mit den Landgemeinden gemeinsam: die steuerlichen Entlastungskämpfe, die die Großindustrie mit gleicher Heftigkeit gegen Stadt- und Landgemeinde führt. Diese äußern sich in ihrer Flucht hinter die schützenden Grenzen der Gutsbezirke, in die Förderstühle und Hochöfen verlegt werden. Die Direktoren nehmen in den Gutsbezirken ihren Wohnsitz, während die Arbeiter in den Landgemeinden angesiedelt werden. Einst war der Gutsbezirk im Zeitalter des Feudalstaates ein gleich berechtigter verdienstvoller Faktor im öffentlichen Leben. Die Vorrechte, die der aufgeklärte Absolutismus seinem Besitzer verlieh, waren verdient. Vollwertige Leistungen für das Gemeinwohl standen ihnen gegenüber. Heute ist der industrielle Gutsbezirk statt eines Mittels zur Erfüllung öffentlicher Pflichten ein solches geworden, sich ihnen zu entziehen. Unter diesen Zuständen leidet Stadt und Land in gleichem Maße wie der Staat, der zu steigenden Ergänzungszuschüssen zu den Schullasten genötigt wird.

Der Bezirk ist an sich steuerkräftig. Dies zeigt das Steuersoll, das 1908 in Beuthen (Land) 2 000 000 Mk., im Kreise Tarnowitz 800 000 Mk., im Kreise Zabrze 1 115 000 Mk. und in Kattowitz (Land) 1 275 000 Mk. betrug. 1909 erhoben an Zuschlägen:

Beuthen . . .	190 %	1895: 140 %,
Königshütte . .	250 %	1895: 210 %,
Gleiwitz . . .	245 %	1895: 166 %,

Zabrze . . . 245 % 1895: —,
Kattowitz . . . 225 % 1895: 150 %.

Die großen Mittelstädte erheben sonach die höchsten Zuschläge in Preußen und werden nur von Hagen mit 255 % übertroffen.

Die Kreisabgaben betrugen 1908:

Beuthen . . 24½ %,
Kattowitz . . 25 %,
Zabrze . . . 34 %,
Tarnowitz . . 40 %.

Sie werden in den Landgemeinden aus der Gemeindekasse gedeckt.

Von den Gemeinden zwischen 10—30 000 Einwohnern erhoben 1909:

Schwientochlowitz . . . . 260 %,
Bismarckhütte . . . . 240 %,
Tarnowitz . . . . 235 %,
Myslowitz, Bielschowitz und Biskupitz . 225 %,
Domb, Siemianowitz . . . . . . 210 %,
Bogutschütz, Laurahütte, Mikultschütz,
Zaborze . . . . 200 %,
Roßberg . . . . 195 %,
Scharley . . . . 190 %,

während mäßige Zuschläge nur in Zalenze (178 %), Chorzow (165 %), Lipine (144 %) und niedrige nur in Rosdzin (120 %) erhoben werden. Kein besseres Bild geben uns die Gemeinden von 5—10 000 Einwohnern. Es erheben:

Miechowitz . . . . . . 400 %,
Dt. Piekar . . . . . . 330 %,
Karf . . . . 245 %,
Radzionkau . . . . . 240 %,
Orzegow . . . . 225 %,
Schoppinitz . . . . . . 215 %,
Hohenlinde . . . . . . 210 %,
Kochlowitz, Chropaczow . . 200 %,

Mäßige Zuschläge finden sich nur in Bobrek (170 %) und Neu-Heiduk (150 %) vor. Ein weiteres Steigen steht den Hüttengemeinden für die nächsten Jahre bevor. Die steuerlichen Lasten haben sonach und selbst in Gemeinden mit ausgeprägter Privatwirtschaft einen ansehnlichen Umfang erreicht. Wenn auch die Landgemeinden billiger wie die Städte wirtschaften, so fehlen ihnen noch zahlreiche Einrichtungen (Rathäuser, gute Straßen,

Kanäle, Krankenhäuser), mit deren Kosten sich die Städte bereits abgefunden haben. Bei der Erschöpfung der steuerlichen Reserven wird die Fortführung der Gemeindepolitik in erster Linie von der Erschließung weiterer Einnahmen abhängen.

Die folgenden Untersuchungen werden zunächst eine Darstellung der Träger des Munizipalsozialismus und seines Systems zu geben suchen. Der dritte Teil wird sich mit der finanziellen Bedeutung der Betriebe befassen.

II.
Die Träger des Munizipalsozialismus.

Während bei den bisher von dem Verein für Socialpolitik untersuchten reichsdeutschen Städten die Betriebe von den städtischen Kollegien oder ihren Deputationen verwaltet werden, weist der Industriebezirk eine Reihe anderer Träger des Munizipalsozialismus auf. Die Stadtkreise unterscheiden sich in dieser Hinsicht von anderen deutschen Mittel- und Großstädten nicht. Eine Sonderform findet sich bei dem Kanalverband Beuthen-Roßberg, wo wir dem seltenen Falle begegnen, daß sich eine Stadt mit einer Landgemeinde zur Erstrebung gemeinsamer Ziele vereinigt.

Weitere Verbandsbildungen zwischen Kreisen und Gemeinden wird möglicherweise die Wasserversorgung und die Ravabachregulierung bringen. Vielleicht werden noch andere Aufgaben — wie etwa die Schaffung eines zentralen Viehhofes — auf diesem Wege gelöst werden.

Die Vereinigung von Stadt- und Landkreisen zu gemeinsamem Vorgehen findet sich heute noch nicht. Die Wasserverteilung erfolgt auf Grund von Lieferungsverträgen.

Ein anderer und unter Umständen recht bedeutsamer Faktor tritt uns in dem Landkreise entgegen[1].

Der Landkreis ist der einzige preußische Kommunalverband, an dessen Spitze ein Staatsbeamter, der Landrat, steht. Wenn sich der Kreis bisher nur in mäßigem Umfange wirtschaftlichen Aufgaben zugewendet hat, so lag dies zunächst an der überwiegend juristischen Vorbildung der Landräte, zum Teil an der Zusammensetzung der Kreistage, in denen zumeist das konservative Element des Großgrundbesitzes die Mehrheit hat. Die Verwaltung des Vermögens und des Haushalts liegt dem aus dem Landrat und sechs Eingesessenen bestehenden Kreisausschuß ob, dessen Mitglieder sich zumeist aus den

---

[1] Wir verweisen auf die bedeutsamen Unternehmungen der Berliner Vorortkreise, die leider nicht in den Bereich der Untersuchungen gezogen worden sind.

II. Die Träger des Munizipalsozialismus.

Notabeln ergänzen. Die laufenden Geschäfte führt der Landrat, der im Kreisausschuß und Kreistage vermöge seiner amtlichen Stellung einen prominenten Einfluß besitzt. Die Tätigkeit des Kreistages erschöpft sich in der Geldbewilligung und Finanzkontrolle. Seine geringe Bedeutung ergibt sich aus seiner seltenen Einberufung. Die mittleren Städte und die großen Landgemeinden haben zumeist andere Interessen wie die rein ländlichen Teile des Kreises. Sie sind im allgemeinen zur Schaffung neuer Kreisanstalten wenig geneigt, da sie in ihnen eine Verstärkung der Machtstellung des Landrates und eine indirekte Wiederverstaatlichung von Aufgaben der Selbstverwaltung erblicken. Noch weiter geht eine andere Richtung, die die Trennung von Kreiskommunalverband und Staatsaufsicht für wünschenswert hält. Der Kreis ist derjenige Selbstverwaltungskörper, der der schärfsten Staatsaufsicht unterliegt. Von seiner Einberufung muß der Landrat dem Regierungspräsidenten Anzeige erstatten. Er ist sogar zur Einsendung des Protokolles nach jeder Sitzung verpflichtet.

Der Umfang der Kreisbetriebe ist verschieden nach der Neigung der Landräte zur Betätigung auf privatwirtschaftlichem Gebiete. Während wir bei Zabrze von Sparkasse und Chaussee abgesehen, vor einem Nichts stehen, weisen die anderen Kreise ein anderes und nach der Individualität ihrer Kreischefs recht verschiedenes Bild auf. Bei Beuthen überwiegt der sozialpolitische Charakter. Tarnowitz zeigt uns mit seinen zahlreichen Zwergbetrieben das interessante Beispiel eines altruistischen auf die Hebung der Wohlfahrt einer ländlichen Bevölkerung gewidmeten Strebens. Beide Momente treten bei Kattowitz zurück, dessen Munizipalsozialismus eine scharf ausgeprägte Finanzpolitik kennzeichnet.

Verbände zwischen Kreisen und Landgemeinden finden sich nicht. Wohl begegnen wir bei Beuthen zwei Gemeindebetrieben unter ausschließlicher Verwaltung des Kreises, den Wasserwerken I und II. Sie haben eine getrennte Etats- und Vermögensverwaltung. Ihre Verwaltung führt der Kreisausschuß ohne Zuziehung der beteiligten Landgemeinden.

Die Landgemeinde ist nächst der Stadt der bedeutendste Träger der Kommunalbetriebe. Für sie gilt die Ordnung vom 3. Juli 1891. Diese fußt auf dem Prinzip des ehrenamtlichen Gemeindeoberhauptes. Besoldete Gemeindevorsteher können in Gemeinden von mehr als 3000 Einwohnern angestellt werden. Die Landgemeinden sind in der Übernahme von Aufgaben, die dem Wohle der Gemeindeangehörigen dienen, nicht beschränkt. Die Errichtung von Betriebsverwaltungen kann sich bei ihnen, falls keine Anleihen erforderlich sind und eine Mehrbelastung der Bürgerschaft nicht eintritt, ohne Genehmigung der Aufsichtsbehörde vollziehen. Die Landgemeindeordnung erweist sich für die Errichtung von Gemeindebetrieben als wohl geeignet. Im Gegensatz zur Magistratsverfassung der Städte basiert sie auf der französischen Bürgermeisterverfassung, die wir heute in der Rheinprovinz vorfinden. Die Verwaltung der Gemeinden hat aus diesem Grunde den Vorzug der Einfachheit, des schnellen Vorgehens und der scharfen Verantwortung ihres Leiters. Die Beschlußfassung über die Gemeindeangelegenheiten steht der Gemeindevertretung zu, soweit sie nicht dem Gemeindevorstand überwiesen sind (Anstellung der Beamten, laufende Verwaltung der Finanzen und Gemeindeanstalten usw.). Die Errichtung eines kollegialischen Gemeindevorstandes ist zulässig. Ihm liegt dann die Vorbereitung und Ausführung der Beschlüsse, die Verwaltung der Finanzen und die Umlage der Steuern ob. Von dieser Einrichtung ist nur ein geringer Gebrauch gemacht worden. Häufiger findet sich in den großen Gemeinden die Verlegung des Schwerpunktes der Gemeindeangelegenheiten in Kommissionen, eine Einrichtung, die sich in hohem Maße bewährt hat.

Die Landgemeindeordnung gestattet die Vereinigung von Gemeinden zu Zweckverbänden. Während diese als Mittel zur Erfüllung gesetzlicher Obliegenheiten sehr oft anzutreffen sind, finden sie sich bei Betrieben nur selten, dann aber auch zur Lösung hoch bedeutsamer Aufgaben, so der Kanalverband Siemianowitz-Laurahütte, der Wasser- und demnächstige Schlachthofverband Bismarckhütte-Schwientochlowitz, der Schlachthofverband Zabrze-Zaborze.

Die Verbindung von Gemeinden und Gutsbezirken für Schul-, Polizei- und Armenzwecke ist die Regel. Sie findet sich auch dort, wo eine Vereinbarung im Wege privaten Abkommens möglich wäre Betriebsverbände zwischen Gemeinde und Gutsbezirken gehören zu den Ausnahmen.

Als letzter Träger des Munizipalsozialismus tritt uns der Gutsbezirk entgegen. Indessen ist es fraglich, ob er als solcher angesehen werden kann. Der Gutsbezirk ist jenes Gebilde aus den Zeiten des Feudalstaates, wo Fürsten und Lehensmannen zwischen Staats- und Privatvermögen nicht unterschieden. In den Gutsbezirken geschieht die Wasserversorgung durch Anschluß an die Zentralwerke, die Lichtversorgung durch die im Gutsbezirk befindlichen Werke oder durch Anschluß an die Oberschlesischen Elektrizitätswerke. Bei den Wohlfahrtsbetrieben verlieren sich die Linien ins ungewisse. Von ihnen ist es schwer zu sagen, ob sie als private Veranstaltung des Industriellen zum Vorteil seiner Angestellten oder als munizipalsoziale zu betrachten sind. Wir neigen der ersteren Auffassung zu.

III.
Das System des Munizipalsozialismus.

a) Betriebe zur Befriedigung des Konsums.
1. Gaswerke.

Die Versorgung mit Gas aus kommunalen Anstalten, die sonst das Rückgrat der Betriebsverwaltungen bilden, ist nicht zu der Bedeutung gelangt, wie in anderen Städten. Zum Teil liegt dies an der Ausdehnung der Oberschlesischen Elektrizitätswerke, zum Teil an Mängeln der heutigen Gesetzgebung, die dem Großkonsumenten die Deckung seines Bedarfes in eigener Regie unter Umgehung der Kommune ermöglichen[1]. Die Entstehung der oberschlesischen Gasfabriken führt uns zurück in die Zeiten des ökonomischen Liberalismus, wo sich die Gemeinden vor jeder Betätigung auf gewerblichem Gebiete hüteten und die reichen und sicheren Erträge der Gaswerke großmütig der Privatindustrie überließen. Es scheint, als ob diese Anschauung im Industriebezirk noch heute nicht erloschen ist, obwohl Theorie und Praxis über sie schon längst das Verdikt gefällt haben. Bismarckhütte, Schwientochlowitz, Hohenlinde, Lipine, Chropaczow und Domb, ein Gebiet von 80 000 Einwohnern hat 1908 der Kontinental-Gasaktiengesellschaft zu Dessau die Benutzung der Straßen zum Bau einer Gasfabrik gestattet. Man muß zur Erklärung für dieses seltsame Vorgehen die eigenartige Lage der Gemeinden berücksichtigen, in der sie sich als die Betriebsorte bedeutender Werke befinden. Diese versorgen sich zumeist selbst mit Licht und Kraft, während die O.E.W.[2] einen großen Teil des Privatverbrauches decken. Die Konzession ist auf die Dauer von 40 Jahren erteilt. Die Gemeinden erhalten für jeden Kubikmeter einen Pfennig Lizenz, einen immerhin an-

---

[1] Über kommunale Lichtmonopole und Lizenzen vgl. meine Vorschläge in der Generalversammlung zu Wien am 27. September 1909. Schriften des Vereins Band 132, S. 198—200.

[2] Abkürzung für die Oberschlesischen Elektrizitätswerke.

sehnlichen Betrag. Bei diesem Werke wird die interessante Frage gelöst werden, ob eine Gasfabrik auf einen lohnenden Absatz in Arbeiterkreisen rechnen kann. Sollte der Versuch glücken, so dürfte die Dessauer Gasanstalt wohl die letzte private Oberschlesiens sein[1]. Schon während der Verhandlungen hat es nicht an Stimmen gefehlt, die den Gemeinden von dem Anerbieten abrieten.

Während somit in die Landgemeinden eine neue Privatanstalt einzieht, ist in den Städten jener Kampf zum Abschluß gekommen, der die deutschen Stadtparlamente in den letzten Jahrzehnten durchzitterte. Nachdem 1908 auch Gleiwitz und Zabrze ihre Fabriken erworben haben, sind alle Anstalten in den Händen der Städte. Beuthen, Myslowitz und Kattowitz haben die Unternehmen 1898, Tarnowitz 1900 übernommen.

In ihrem Umfange weisen die Werke von Beuthen, Gleiwitz, Kattowitz und Zabrze nur geringe Unterschiede auf[2].

Beuthen, Gleiwitz und Zabrze haben annähernd die gleiche Einwohnerzahl. Relativ hoch ist der Verbrauch in Kattowitz, verhältnismäßig geringer in Beuthen, bei dem große Ortsteile wie Friedenshütte des Anschlusses an das Werk ermangeln. Die Fabriken von Myslowitz und Tarnowitz haben annähernd gleichen Umfang. Myslowitz gestattet der O.E.W. nur in Ausnahmefällen die Lieferung von Energie. Tarnowitz liegt außerhalb ihres Kabelnetzes. Ein großer Teil der Produktion dient zur öffentlichen Beleuchtung, in Beuthen ein Sechstel, in Kattowitz ein Fünftel, in Zabrze gar ein Drittel. Die Preise weisen große Verschiedenheiten auf. Sie sind dafür, daß die Fabriken mitten im Kohlenrevier liegen, mit alleiniger Ausnahme von Zabrze (14 Pf.) keineswegs niedrig[3].

Der Preis des für öffentliche Zwecke entnommenen Gases wird verschieden bemessen. Während Tarnowitz es unentgeltlich liefert, nehmen Myslowitz und Kattowitz 16 und 17 Pf., Gleiwitz gar 18. In diesen Gemeinden waltet das sichtliche Bestreben vor, die Rentabilität des Werkes in möglichst günstigem Lichte erscheinen zu lassen, während Beuthen, dessen Gasfabrik auf Roßberger Gebiet liegt, eine umgekehrte Politik einschlägt und sich mit einer Vergütung von 4 Pfg. pro cbm an seine Gaskasse bescheidet.

Eine vergleichende Berechnung des Ertrages begegnet aus diesen Gründen nicht geringen Schwierigkeiten. Volle Klarheit läßt sich nur dann schaffen,

---

[1] In Siemianowitz-Laurahütte besteht noch eine private Gasanstalt mit kurzer Konzessionsdauer.

[2] Königshütte hat keine Gasanstalt.

[3] Das neue Privatwerk will für 13 Pfg. liefern.

a) Betriebe zur Befriedigung des Konsums.

wenn die Errechnung des Gewinnes nach jenen Grundsätzen erfolgt, die Buzerius[1] und wir[2] an anderer Stelle vorgeschlagen haben.

Gastarif.

	Beuthen	Gleiwitz	Kattowitz	Myslowitz	Tarnowitz	Zabrze
	Pf.	Pf.	Pf.	Pf.	Pf.	Pf.
Beleuchtung	16	18	17	18	19	} 14 *)
Heizung	10	10 u. 12	12	13	12	
Motore	8—10	10	12	13	12	—
Sonstige gewerbliche Zwecke	12	—	12	—	12	—
Automaten	—	—	17	—	18	—
Städtische Gebäude	4	—	17	17 u. 18	frei	14
Öffentliche Beleuchtung	4	19	17	16	frei	11

*) Für auswärtige Gemeinden und den Fiskus 11 Pf.

Gasproduktion.

	Beuthen 1907	Gleiwitz 1907	Kattowitz 1907	Myslowitz 1907	Tarnowitz 1906	Zabrze 1909
A. Produktion.						
Leuchtgas . . . . cbm	1 801 260	1 201 270	1 481 176	498 530	594 158	—
Wassergas	—					
Koks . . . . . . kg	4 891 623	2 881 600	3 637 325	1 164 500	—	2 150 000
Teer . . . . . . kg	334 310	185 000	243 453	85 032	—	270 000
Amoniak . . . kg	803 290	380 000	163 000	192 025 (Gaswasser)	—	740 000
B. Gasverbrauch.						
Nutzgas . . . cbm	1 731 019	1 051 764	1 396 307	440 318	566 570	991 000
Selbstverbrauch des Werkes . . . cbm	35 365	19 580	15 930	11 077	13 985	?
Straßenbeleuchtung cbm	306 927	133 554	295 644	85 159	73 720	456 000
Sonstiger Verbrauch cbm	1 388 727	898 630	1 084 733	39 062[3] 305 020	478 865	6 000
C. Länge des Rohrnetzes . . . . . m	27 824	35 000	20 100	—	—	—
D. Menge der vergasten Kohlen in Tonnen	6 312	4 385	5 410	1 794	1 918	—

Die Rentabilität der einzelnen Werke gibt je nach der Dauer des Betriebes in städtischer Regie ein sehr verschiedenes Bild. Was sich bei Aufrechthaltung der Monopolstellung erzielen läßt, zeigt uns das klassische Beispiel von Myslowitz, dessen Fabrik fast 3 Mk. pro Kopf liefert. Auch die Tarnowitzer Anlage hat sich befriedigend entwickelt. Bei den übrigen Anstalten wird die Rentabilität gemeinsam mit der ihrer elektrischen Anlagen zu betrachten sein.

---

[1] Band 129, II, 6.
[2] A. a. O. 195—196.
[3] Öffentliche Gebäude.

Der Verbrauch pro Kopf und Jahr betrug 1906 in Beuthen 40 cbm, in Kattowitz 17, in Tarnowitz 42, in Myslowitz 32[1]. Wenn er auch im Vergleich zum Süden und Westen (100 cbm) gering ist, so darf gleichwohl ein stetiges Steigen festgestellt werden. Die Zukunft der Gaswerke wird zunächst davon abhängen, ob es gelingt, die arbeitenden Klassen an den Verbrauch von Gas zu gewöhnen. Kattowitz hat hiermit einen beachtenswerten Versuch unternommen, über den wir dem Verwaltungsberichte (S. 140) folgendes entnehmen:

„Die in vielen Städten gemachten Erfahrungen mit Gasautomatenanlagen veranlaßten auch hierorts mit deren Einführung vorzugehen. Sie kommen ihrer Natur nach ‚erst Geld dann Ware‘ fast ausschließlich da in Anwendung, wo ein Interessent Gas benutzen aber keine Kosten für Leitung und Leuchter aufwenden will oder kann. Der Antragsteller erhält dann in einem solchen Falle eine Leitung mit einfachen Leuchtern im Höchstbetrage von 90 Mk. mit einem Gasautomaten zur Benutzung gegen eine Mehrzahlung von 3 Pf. für den Kubikmeter und die Verpflichtung, monatlich einen Mindestverbrauch von 3,50 Mk. zu erreichen. Im anderen Falle hat er für jeden Monat, der unter dem Minimum bleibt, 1 Mk. nachzuzahlen. Die Abrechnung erfolgt jährlich, wobei ein Ausgleich mit denjenigen Monaten mit höherem Verbrauch stattfindet. Der Aufschlag von 3 Pf. dient zur Verzinsung der Anlage und Leuchter. Durch den Einbau der Automaten wurden der Fabrik wiederholt größere Gasabnehmer, die sonst recht schlechte Zahler waren, erhalten. Die Leute werfen täglich einen Betrag ein und empfinden es als eine Wohltat, am Monatsschluß nicht eine Rechnung von 40 bis 60 Mk. bezahlen zu müssen. Die Automaten haben eine Vermehrung des Absatzes gebracht, der ohne sie nicht oder nur zum Teil erreicht worden wäre. Die Anstalt ist dadurch mit dem Wesen der Gasbeleuchtung und des Kochens mit Gas in Schichten eingedrungen, die ihr bisher fernstanden. Die Zahl der Automaten beläuft sich auf 260. Der Konsum betrug 1906 bei 231 Apparaten 66 000 cbm, mit einem Erlös von 9 700 Mk. Das Anlagekapital verzinste sich mit 10 %."

Die Zukunft der Gasfabriken wird im besonderen Maße auch von dem Erfolg des Wettbewerbes mit der Elektrizität abhängen. Wir bringen hierüber folgende dem Beuthener Verwaltungsbericht entnommene Angaben:

„Trotz der empfindlichen Konkurrenz, die der auf 1 500 000 Kilowattstunden gestiegene Stromverbrauch dem Werke bereitet, konnte die Gasabgabe von 1898 bis 1907 von 1,2 Mill. Kubikmeter auf 1,8 Mill. Kubikmeter, also um 50 % gesteigert werden. In jener Zeit ging der An-

---

[1] Kommunales Jahrbuch 1908, S. XVII ff.

a) Betriebe zur Befriedigung des Konsums.

teil der Privatbeleuchtung von 62,3 % der Gesamtabgabe auf 46,4 % zurück, wenngleich er absolut um ein geringes zunahm (740 000 cbm, heute 835 000 cbm). Hingegen ist der Verbrauch für Heiz- und Kraftzwecke von 15 % auf 24,8 % (von 173 000 cbm auf 448 000 cbm) gestiegen. Er würde noch größer sein, wenn nicht auch hier dem Motorengas ein empfindlicher Wettbewerb in der elektrischen Kraft entstanden wäre. Sein Verbrauch ist in 6 Jahren von 62 000 cbm auf 42 000 cbm zurückgegangen (einst 4,5 %, jetzt 2,46 %). Am klarsten tritt der Wettbewerb bei einem Vergleich zwischen Gas- und Stromverbrauch zutage.

Es betrug die Gasabgabe: die Stromabgabe:
1900   1 261 000 cbm   255 000 cbm
1907   1 800 000   „   1 435 000   „ ."

Diese Zahlen bedeuten bei dem scharfen und noch nicht abzusehenden Wettkampf zwischen Gas und Energie eine ernste Mahnung zur starken Abschreibung auf die Vermögenswerte der Gasfabriken und einer stärkeren Tilgung der für sie aufgenommenen Schulden. Je weniger sich bei der heutigen kameralistischen Buchführung die Verhältnisse der Werke übersehen lassen, je bringender wird die Einführung gesetzlicher Normen für die Bilanzpolitik der Betriebe.

Überschüsse der Gaswerke.

	Beuthen	Gleiwitz	Kattowitz	Myslowitz	Tarnowitz	Zabrze
	Mk.	Mk.	Mk.	Mk.	Mk.	Mk.
Nach dem Etat für 1909 an die Stadtkasse abzuführender Überschuß	56 000	45 000	86 000	50 000	7 150	16 000
Hiervon ab zu geringe Tilgung .		18 000				6 000 [1]
Sa.		27 000				10 000
Ab für zu hohen Gaspreis [2] . . .		11 000	26 000	6 500		5 000
Sa.		16 000				
Hinzu für zu niedrigen Gaspreis [3]	25 500				11 500	
Zinsen des eigenen Kapitals mindestens	10 000					
Sa.	91 500	16 000	60 000	43 500	18 650	5 000

[1] Durchschnitt 2 %.
[2] Absetzung für Selbstverbrauch, der mit mehr als 10 Pf. berechnet ist.
[3] Zurechnung für Selbstverbrauch, der mit weniger als 10 Pf. berechnet wird.

2*

2. Wasserversorgung.

Das oberschlesische Kohlenrevier ist reich an Grundwasser. Gleichwohl ist die Versorgung seiner zahlreichen Bevölkerung mit Wasser eine der wichtigsten Fragen, deren befriedigende Lösung seit Jahrzehnten vergebens erstrebt wird. Sie ist auch heute noch trotz aller Maßnahmen bringender denn je. Brunnen sind nur an wenigen Stellen vorhanden.

Die Klagen über Wassermangel lassen sich bis in die Zeiten der Freiheitskriege zurück verfolgen. Wiederholt wurden Wasserwerke durch den Bergbau trocken gelegt. Recht trübe Erfahrungen hat auf diesem Gebiete Beuthen gemacht, dessen Hebewerk Ende der 60er Jahre versiegte, während seine Pumpstation in der Karstenzentrumgrube in den 90er Jahren wegen Typhusverdachtes von der Regierung gesperrt wurde. Oberschlesien ist wiederholt von Seuchen heimgesucht worden. Typhus hat mehrfach die Städte verheert. Scharlach und Diphteritis sind leider endemisch. In der Frage der Wasserversorgung hat der Fiskus die führende Rolle übernommen. Er hat allerdings durch seinen Bergbau die Klagen zum großen Teile verschuldet. Daneben haben sich Städte, Kreise und Gemeinden der Lösung der Aufgabe gewidmet. Wegen der Nähe Rußlands gestattet die Regierung die Errichtung neuer Werke im Grenzbezirk nicht mehr.

Die Hauptversorgung erfolgt heute durch die fiskalischen Pumpwerke Zawada und Adolfschacht, deren Bestand ein ausgedehnter Quellenschutzbezirk sichert. Daneben deckt die dem Kreise Kattowitz gehörende hart an der russischen Grenze liegende Rosaliengrube einen ansehnlichen Teil des Bedarfes. Sie speist heute Kattowitz sowie den größten Teil des Landkreises gleichen Namens. Außerdem versieht sie zum Teil die Stadt Beuthen, das Kreiswasserwerk Beuthen I, dessen Hauptverbraucher Roßberg ist (450 000 cbm), und das Kreiswasserwerk Beuthen II (Bismarckhütte-Schwientochlowitz). Von den übrigen Teilen des Landkreises Kattowitz deckt Chorzow seinen Bedarf aus der fiskalischen Leitung, während der Süden des Kreises (Antonienhütte, Neudorf, Kochlowitz 27 000 Einw.) von der Leitung der Gottessegengrube bei Antonienhütte gespeist wird. Der Verbrauch des Kreises Kattowitz betrug 1908 3 500 000 cbm, der der Stadt 1 250 000 cbm. Ihr überschüssiges Wasser gibt die Rosaliengrube an Beuthen ab, das einen Teil seines Bedarfes der Karstenzentrumgrube und der staatlichen Leitung entnimmt. Der Beuthener Ortsteil Friedenshütte, Königshütte, Hohenlinde, Bobrek und Karf erhalten ihr Wasser vom Bergfiskus. Der Westen des Kreises Beuthen bezieht mit Ausnahme von Schomberg und Orzegow, die von Beuthen aus gespeist werden, sein Wasser vom Fiskus. Dieser versorgt auch den ganzen Kreis Zabrze. Gleiwitz hat mit dem Fiskus

a) Betriebe zur Befriedigung des Konsums.

ein Abkommen getroffen und deckt seinen Bedarf durch dessen Vermittlung in Zawada. Die Stadt Tarnowitz ist eine der wenigen Gemeinden mit eigenen Quellen. Mikultschütz, die größte der Landgemeinden des Kreises Tarnowitz ist an den Adolfschacht der Donnermarckgrube angeschlossen, während die für den südlichen und westlichen Teil des Kreises bestehende Leitung auf fiskalisches Wasser angewiesen ist.

Obwohl die Interessenten die vorhandenen Quellen erweitern und durch den Bau von Türmen und direkten Leitungen die Verbesserung der Verteilung erstreben, genügt der heutige Vorrat nur für den Augenblick. Es wird wie schon so oft der Zeitpunkt sich nähern, wo eine Wassernot eintritt, deren letzte Beuthen und den Beuthener Verband I, ein Gebiet von 100 000 Einwohnern im Mai vergangenen Jahres heimgesucht hat. Nur dem Eingreifen des Regierungspräsidenten war es zu verdanken, daß damals das Schlimmste verhütet wurde. Die Förderung der Rosaliengrube wird in steigendem Umfange von dem Kreise Kattowitz beansprucht, so daß Beuthen mit seinen Unterverbänden mehr und mehr auf das teuere fiskalische Wasser angewiesen ist. Beachtenswerte Versuche, die die Kreise Beuthen durch Beschaffung von Wasser aus einem im Westen der Stadt liegenden Schachte erstreben, können wie alle ähnlichen mit unzulänglichen Mitteln unternommenen als eine dauernde Lösung des Problems nicht angesehen werden. Hierüber sind sich alle Beteiligten, Regierung, Oberbergamt, Industrie und Gemeinden, einig.

Seit mehreren Jahren widmet sich ein Komitee der Lösung der Aufgabe. Eine Zeitlang sprach man von einer Zentrale in weiter Ferne in der Nähe der Oberquellen (70 km). Es ist in hohem Maße bezeichnend für die Auffassung, die noch heute in Unternehmerkreisen über die Neigung des Industriebezirks zur Betätigung auf munizipalsozialem Gebiete besteht, daß ein auswärtiges Konsortium 70 000 Mk. für Vorarbeiten aufgewendet hatte, als es von der Regierung auf die Aussichtslosigkeit seiner Bemühungen hingewiesen wurde. Neuerdings hat sich unter der Führung der königlichen Landesanstalt für Gewässerkunde ein Arbeitsausschuß gebildet, der sich die Treffung durchgreifender Maßnahmen zum Ziele gesetzt hat.

Darüber besteht kein Streit, daß die neuen Quellen fern ab vom Kohlenrevier gesucht werden müssen. Ob eine Zentrale wie die der Oberquellen, ob deren mehrere zu schaffen sind? — Hier scheiden sich die Geister. — Uns scheint allein das Vorgehen Wiens, das zum Bau einer zweiten Anlage geschritten ist, für die Zweckmäßigkeit mehrerer Leitungen zu sprechen. Abgesehen von dem geringeren Risiko sind diese auch technisch leichter ausführbar. Sie erleichtern den Übergang in neue Verhältnisse, da ihr Bau erst vor und nach bei Bedarf einzusetzen braucht. Die finanzielle Grundlage des Werkes hätte ein den ganzen Bezirk umfassender Zwangszweckverband zu bilden[1], dessen Grundlinien durch eine dem Landtage vorliegende Novelle über die Bildung großer kommunaler Zweckverbände gezogen werden sollen.

Geteilter Meinung ist man über die spätere Verwendung lokaler Quellen. Wir neigen zu der Ansicht, daß sie überall da, wo sie sich finden, für die Speisung der Kanäle, für Straßensprengung und auch für rein industrielle Zwecke zu verwenden wären. Die Kosten des Projektes werden auf 20 000 000 Mk. geschätzt. Mit ihm dürfte wohl die kostspieligste Wasserleitungsanlage in Deutschland verwirklicht werden.

Im Gegensatz zu Österreich überwiegt in Preußen bei kommunalen Wasserwerken im allgemeinen der finanzielle Gesichtspunkt. In Oberschlesien findet er sich scharf nur bei den Städten ausgeprägt, während bei den Landgemeinden eine andere Auffassung vorherrscht. Bei den ländlichen Vertretungen gilt noch heute der Grundsatz, daß keine oder nur geringe Beiträge zu erheben seien, da der Bergbau die Senkung des Grundwasserspiegels verschuldet habe. In dem Ertrage der Gemeindewasserverteilungen findet dieses Prinzip seinen Ausdruck. Gleichwohl ist auch hier eine Wandlung erkennbar. In den großen Gemeinden ist man mehr und mehr von dem Liegenschaftstarif gekommen und zum Einbau von Messern übergegangen. Bei ihnen finden wir Überschüsse. Genötigt werden zu diesem Vorgehen alle Gemeinden mit modernen Kanalanlagen, wie uns das Beispiel Roßbergs zeigt, dessen Wasserleitungsdefizit im Laufe zweier Jahre von 4500 auf 20 000 Mk. stieg. In den mittleren und kleineren Gemeinden wiegt jener Tarif vor, der für rein ländliche Verhältnisse, wo die Verwaltung die Einschätzung aus dem Kopfe vorzunehmen vermag, den Vorzug verdient. Diese Gebührenordnungen suchen mit einer scharf ausgeprägten Kasuistik zum Ziele zu gelangen, indem sie den Zins nach heizbaren Räumen, nach der Gewerbesteuer, dem Viehstand und nach Hausgärten differenzieren. Einzelne Gemeinden erheben keinen Zins, namentlich solche, die das Wasser vom Bergfiskus aus privatrechtlichen Gründen kostenlos oder zu niedrigem Preise erhalten.

Im allgemeinen herrscht bei den mittleren Gemeinden das Bestreben vor, wenigstens die Selbstkosten zu decken. Die geringen Zuschüsse von 1000—3000 Mk. können als Entgelt für die zu öffentlichen Zwecken benutzten Mengen betrachtet werden. Zwei Gründe müssen indessen auch in diesen Gemeinden zu einem Bruche mit dem bisherigen System führen, der Wassermangel und die Finanzlage. Die Einführung der Messer hat sich als das geeignetste Mittel gegen die Vergeudung erwiesen. Allenthalben ist ihnen ein starker Rückgang des Verbrauches auf dem Fuße gefolgt.

---

[1] Geschrieben am 10. Oktober 1909.

a) Betriebe zur Befriedigung des Konsums.

Wasserwerke.

	Preis pro cbm	Etat 1909 Überschuß Mk.	Defizit Mk.	Anmerkung
		a) Kreiswerke.		
Kattowitz	5	0	0	Starke Abschreibung; wirklicher Überschuß zirka 60 000 Mk.
Beuthen I . . .	9½	0	0	
Beuthen II . . .	9½	0	0	
		b) Gemeindewerke.		
		Städte.		
Beuthen	22 bzw. 16	58 000	—	Inklusive der Zinsen des eigenen Anlagekapitals.
Königshütte . .	18—15	64 500	—	
Gleiwitz	18—15	34 500	—	Hohe Rückstellungen.
Kattowitz . . .	18—10	51 000	—	
Myslowitz . . .	20—12	30 000	—	
Tarnowitz . . .	12	2 100	—	
		Landgemeinden über 10 000 Einwohner.		
Zabrze	—	21 000		
Zaborze	15	8 000	—	
Bismarckhütte .	16	—	3 000	Messertarif seit 1. Oktbr. 1909. Defizit wird 1910 verschwinden.
Bogutschütz . . .	15—12	7 500	—	
Roßberg	3 M. pro Raum	—	4 500	Seit 1. April 1910 Messertarif 15 Pf. Defizit stieg im Laufe des Jahres auf 20 000 Mk. Die Einführung der Messer wird es beseitigen.
Siemianowitz . .	25*	8 000	—	⎫ Den auf die Kanäle entfallenden Teil der
Laurahütte . . .	25*	1 000	—	⎭ Gebühr haben wir abgesetzt.
Schwientochlowitz	15—12	—	2 000	
Ruda	—	—	—	Wasserversorgung ist Sache des Kommunalverbandes.
Zalenze	—	—	1 000	
Mikultschütz . .	13	500	—	
Rosdzin	0	—	9 000	
Lipine	—	—	2 500	
Biskupitz	15	800	—	
		Kleinere Gemeinden.		
Neuheiduk . . .	0	—	1 000	Gemeindewasser liefert der Fiskus gratis.
Chropaczow . .	0	—	5 000	
Deutsch-Piekar .	—	—	—	3. T. Versorgung durch Gemeindebrunnen und eine Ortsquelle.
Scharley	—	—	1 000	Von 1910 ab Messertarif 15 Pf.
Domb	—	3 000	—	
Orzegow	—	—	—	⎫
Schoppinitz . . .	0	—	3 800	⎪
Kochlowitz . . .	—	—	1 000	⎬ In den kleineren Gemeinden zumeist Zimmertarif.
Miechowitz . .	—	1 000	—	⎪
Bielschowitz . .	15	—	2 500	⎪
Eichenau	—	—	4 000	⎪
Chorzow	—	—	3 000	⎪
Bobrek	—	—	1 000	⎭

* Inklusive Kanalgebühr.

Andererseits lassen sich bei den in Oberschlesien relativ geringen Produktions=
kosten ansehnliche Einnahmen erzielen. Ein Vergleich mit den größeren
Städten, die einen Überschuß von 1 Mk. pro Kopf nachweisen, beweist dies.
Bei der zunehmenden Verschlechterung der Finanzen der Landgemeinden, bei
der Notwendigkeit, ihre von Steuern beherrschten Haushalte mehr wie bisher
in die Bahnen der Privatwirtschaft zu lenken, bedeutet die Reform ihrer
Wasserzinstarife einen wichtigen Schritt auf dem Wege zur Lösung dieses
Problems.

3. Elektrizitätsversorgung.

Die Frage, ob die Erzeugung von elektrischer Energie zu den Auf=
gaben der Gemeinden gehört, wird heute mit gewichtigen Gründen bestritten.
Sie ist im Industriebezirk verneint worden. Gleichwohl gibt die Art ihrer
Lösung vom kommunalen Standpunkt aus zu berechtigter Kritik Anlaß.
Das Kohlenrevier ist das gegebene Gebiet für eine Überlandzentrale. Die
Konzentrierung bedeutender Werke und großer Menschenmassen auf kleinem
Gebiet gibt der Zentrale ein Übergewicht vor dem Kleinbetriebe. Nur die
ganz großen Werke und auch nur solche, die zu allen Tages= und Nacht=
stunden auf einen annähernd gleichen Verbrauch rechnen können, stellen den
Strom selbst dar, z. B. die Königs= und Laurahütte, die Falvahütte, die
Deutschlandgrube, der Bergfiskus, die Schaffgotschschen Werke und andere.
Die Mehrzahl der Werke und Gemeinden hat sich an jene Zentrale an=
geschlossen, mit deren Gründung die Allgemeine Elektrizitäts=Aktiengesellschaft
in Berlin einen meisterhaften Schachzug getan hat. In der Mitte der
90er Jahre schloß Emil Rathenau mit der Mehrzahl der Gemeinden und
Städte wegen der Lieferung von Strom Verträge ab, denen sich die meisten
Gutsbezirke, vor allem solche mit gewerblichen Betrieben anschlossen. Der
Gesellschaft kam zu statten, daß sich ein großer Teil des Chausseenetzes nicht
in den Händen der Gemeinden befindet. Abgesehen von den Kreisen unter=
hält der Bergfiskus, die Bergbauhilfskasse, die Königs= und Laurahütte, die
Kattowitzer Aktiengesellschaft, die Schaffgotschschen Werke und andere ein
ausgedehntes Kunststraßennetz.

Die Mehrzahl der Verträge vertritt einseitig die Interessen der Gesell=
schaft. Es kann den Landgemeinden der Vorwurf nicht erspart bleiben,
daß sie beim Abschluß direkt leichtfertig gehandelt und es an einer sach=
gemäßen Prüfung des Anerbietens haben fehlen lassen. Durch die Be=
nutzung der Straßen für die Kabellegung und Leitung wird der Gesellschaft
ein Monopol zur Versorgung der Gemeinden mit Energie eingeräumt, da
die Führung einer zweiten Leitung auf ein und derselben Straße in den

meisten Fällen technisch so gut wie ausgeschlossen ist. Dies ist nicht nur für die Gemeinden, für die vorwiegend die öffentliche Beleuchtung in Betracht kommt, sondern auch für deren Insassen zu bedauern, die damit der Willkür der Gesellschaft ausgeliefert sind. Ganz unglaublich ist die Konzessionsdauer und die Gewinnbeteiligung. Mit 30 Landgemeinden bestehen Verträge auf die Dauer von 50 Jahren. Nur das kleine Chropaczow war damals vorsichtig genug und hat den Vertrag für die Hälfte dieser Zeit getätigt. Der Gewinnanteil ist mehr wie bescheiden. Sobald bei ordnungsmäßigen Abschreibungen die Verzinsung des investierten Kapitals 5 % übersteigt, werden 15 % des Überschusses nach dem Verhältnis der Einnahme aus der Stromlieferung den Gemeinden vergütet. Was das besagen will, verkünden uns die Haushaltspläne. Abgesehen von Zabrze, das bei einem etwas günstigeren Vertrage 6500 Mk. erhält, erreichen die Leistungen nirgendwo einen nennenswerten Umfang. Sie betragen in Zaborze 1500 Mk., in Biskupitz 1200 Mk., in Domb 700 Mk., in Roßberg 500 Mk., in Bogutschütz und Bismarckhütte 400 Mk., in Rosdzin und Lipine 300 Mk. usw. Die Gewinnanteile sind, von den drei erstgenannten Gemeinden abgesehen, steuerlich bedeutungslos.

Ungleich besser haben die Städte beim Abschluß der Verträge ihren Vorteil gewahrt. Während Königshütte den Kabeln der Gesellschaft seine Grenzen verschlossen hat, haben Gleiwitz, Beuthen und Kattowitz Abkommen auf die Dauer von 25 Jahren getätigt. Der Vertrag mit Beuthen trat am 1. April 1898, der mit Gleiwitz am 24. Dezember 1897 und der mit Kattowitz am 21. Dezember 1898 in Kraft. Gleiwitz erhält einen Anteil am Reingewinn, sobald sich das Anlagekapital mit mehr als 4 % verzinst. Es kann das Leitungsnetz vor Ablauf des Vertrages zum Buchwerte erwerben und den Stromvertrag ganz auflösen oder den Strom zu einem vertragsmäßigen Preise weiter beziehen. Die Vorteile, die der Vertrag dieser Stadt gewährt, sind mäßig. Der Gewinnanteil beträgt 1909 10 000 Mk. Berücksichtigen muß man hierbei, daß der Stadt als dem Sitz des Werkes eine Reihe anderer Vorteile zufließt. Den einzig richtigen Weg hat Beuthen eingeschlagen, das von allen Gemeinden seine Interessen am erfolgreichsten vertreten hat. Die Stadt kauft die Energie als Großabnehmerin zu Vorzugspreisen und gibt sie an die Konsumenten ab, wobei ein vertragsmäßig feststehender Preis nicht überschritten werden darf. (Licht 50 Kilowatt nach 400 Brennstunden 2 Pf., Kraft 20 Kilowatt nach 1000 Brennstunden 2 Pf.) Das Leitungsnetz geht nach 25 Jahren zum Buchwert an die Stadt über. Diese kann zu jeder Zeit mit einjähriger Kündigung den Vertrag lösen und das Netz, auf das jährlich 4 % abzuschreiben sind, übernehmen. Der Haushalt für 1909 rechnet mit einem Überschuß von 65 000 Mk. Kattowitz hat sich 10% der Bruttoeinnahme vorbehalten, 1909 42 000 Mk. Daß die großen Landgemeinden bis zum Jahre 1945 an diese Verträge gebunden sind, ist im höchsten Maße zu bedauern. Es ist dies der größte und finanziell folgenschwerste Mißgriff, den sie auf wirtschaftlichem Gebiete begehen konnten und begangen haben. Erklärlich wird dieses Vorkommnis, wenn man die damals zumeist noch primitiven Verhältnisse in den Gemeinden berücksichtigt, wenn man erwägt, daß sie um jene Zeit noch ausnahmslos nebenamtlich verwaltet wurden. Ähnliche Erfahrungen sind auch mit anderen Überlandzentralen wenn auch nicht in dem Maße wie hier gemacht worden. Das beste Mittel gegen die Wiederholung derartiger Vorkommnisse bietet ein gemeinsames Vorgehen der Kommunen in solchen Fragen, Bestrebungen, die sich in dem letzten Jahre in dem Industriebezirk mehr und mehr und mit unverkennbarem Erfolg geltend gemacht haben[1]. Der Vertrustung der Elektrizitätsindustrie müssen die Gemeinden ein Konsumentenkartell gegenüberstellen, wie dies im Westen jüngst geschehen ist. In diesem Falle hatte der Gemeindetag des Regierungsbezirks Köln einen Vertrag durch einen Sachverständigen ausarbeiten lassen, der für die Gemeinden die Grundlage ihres Vorgehens gegenüber dem rheinisch-westfälischen Elektrizitätswerk bildete.

Die Allgemeine Elektrizitätsgesellschaft hat am 27. Dezember 1900 die Rechte aus ihren Verträgen an die Schlesische Elektrizitäts- und Gas-Aktiengesellschaft in Breslau abgetreten, die 1872 als Schlesische Gas-Aktiengesellschaft mit einem Kapital von 500 000 Talern gegründet wurde. Zurzeit beläuft sich dieses auf 11 000 000 Mk., zu denen 6 600 000 Mk. $4^{1}/_{2}$%iger Teilschuldverschreibungen hinzutreten.

In den letzten fünf Jahren hat die Gesellschaft an Dividenden verteilt:

1904   8%   auf 5 100 000 Mk.
1905   8%   „   6 600 000 „
1906 $8^{1}/_{2}$% „   6 600 000 „
1907   9%   „   8 820 000 „
1908 $9^{1}/_{2}$% „   8 820 000 „

Die Bilanz vom 31. Dezember 1908 wies die in den Tabellen S. 28 und 29 angegebenen Zahlen auf.

Die Gesellschaft hat verschiedene Tarife. Zumeist erhebt sie für die ersten 500 Stunden 40 Pf. pro Kilowatt, für den Rest des Jahres 4 Pf., nach einem anderen Tarif 50 Pf., für den Rest 2 Pf., für Kraft 20 Pf.

---

[1] In Fragen des Lehrerbesoldungsgesetzes und der Staatszuschüsse zu den Schullasten.

a) Betriebe zur Befriedigung des Konsums.   27

mit Rabatt bis zu 4½ Pf. Im Jahresdurchschnitt erzielt sie für die Kilowattstunde Lichtstrom 12 Pf., die Kilowattstunde für Kraftstrom 8 Pf.

Es waren angeschlossen am 1. Juli 1909:

   192 949 Glühlampen,
    2 971 Bogenlampen,
    2 247 Motoren.

Hiervon entfallen auf [1]:

Städte und Gemeinden	Glühlampen	Bogenlampen	Motoren	Entsprechend einem Energiebedarf in Kilowatt
Beuthen	26 294	351	290	1763
Bielschowitz	398	—	1	19
Biskupitz-Borsigwerk	2 826	13	17	164
Bismarckhütte	5 986	20	38	296
Bobrek	651	10	4	38
Bogutschütz-Zawodzie	3 764	17	46	237
Chorzow	2 044	2	14	82
Chropaczow	1 104	17	5	54
Dt. Piekar	1 466	19	11	86
Domb-Josephsdorf	2 141	12	17	190
Eichenau	1 424	7	15	86
Gleiwitz	40 878	390	365	2626
Hohenlinde	1 373	2	5	73
Karf	1 137	3	11	63
Kattowitz	34 233	426	314	2298
Lipine	4 372	41	25	234
Michalkowitz	1 269	—	7	78
Myslowitz	724	5	8	48
Radzionkau	1 276	1	9	59
Roßberg	3 144	44	32	230
Rosdzin	2 263	9	22	122
Scharley	2 298	17	23	139
Schoppinitz	1 178	1	21	88
Schwientochlowitz	4 316	12	33	205
Zabrze	12 986	66	155	865
Zaborze und Poremba	2 047	18	39	275
Zalenze	2 381	11	7	106

Bahnhöfe im Bezirk der Königl. Eisenbahndirektion Kattowitz: Beuthen, Bobrek, Borsigwerk, Chorzow, Idaweiche, Kattowitz, Königshütte, Kunigundeweiche, Laurahütte, Morgenroth, Myslowitz, Ruda, Schoppinitz, Schwientochlowitz und Zabrze:

	Glühlampen	Bogenlampen	Motoren	In Kilowatt
mit zusammen	3 784	558	23	810
Gruben und Hütten	21 340	886	661	20 842

[1] Die kleineren Gemeinden sind ausgelassen.

Bilanz der Schlesischen Elektrizitäts- und

Aktiva.

	Mk.	Mk.	Mk.
1. Gasanstalt Glogau			1 534 700,71
2. Oberschlesische Elektrizitätswerke:			
Anlagekonten:			
Bestand am 31. Dezember 1907 .	20 044 635,05		
Abgang für entfernte Apparate und Maschinen	143 402,20	19 901 232,85	
Zugang 1908		2 162 744,69	
		22 063 977,54	
Betriebskonten:			
Kasse	11 674,57		
Wechsel	1 697,20		
Kontokorrent:			
Debitoren 499 699,46			
ab Abschreibung . . . 3 000,00			
496 699,46			
zu Bankguthaben . . . 69 064,39			
565 763,85			
ab Kreditoren . . . 298 645,63	267 118,22		
Bau- und Betriebsmaterialien . . .	277 068,23		
Betriebsutensilien und Inventarium 28 287,70			
ab Abschreibung. . . . 11 000,00	17 287,70		
Vorausbezahlte Assekuranz und Steuern	40 345,34	615 191,26	22 679 168,80
3. Effektenkonto.			139 528,23
4. Kautionswechselkonto			32 500,00
			24 385 897,74

Gewinn- und

Debet.

	Mk.
Geschäftsunkosten einschließlich Steuern und einschließlich der festen Vergütung für den Aufsichtsrat	40 184,87
Zinsenkonto	331 741,64
Gewinnanteil der Stadt Glogau	61 348,17
Vertragliche Abgaben und Gewinnbeteiligungen im Versorgungsgebiet der Oberschlesischen Elektrizitätswerke	87 263,83
Abschreibung auf die Anlagekonten	1 250 000,00
Abschreibung auf die Betriebskonten	14 000,00
Gewinnüberschuß	1 001 849,30
	2 786 387,81

a) Betriebe zur Befriedigung des Konsums. 29

Gasaktiengesellschaft am 31. Dezember 1908.

Passiva.

	Mk.	Mk.	Mk.
Aktienkapitalkonto			8 820 000,00
Teilschuldverschreibungskonto			6 600 000,00
Reservefonds			1 089 500,41
Abschreibungskonto:			
Bestand am 31. Dezember 1907 . . .	3 949 247,22		
Abgang 1908 für entfernte Apparate und Maschinen abzüglich des Erlöses dafür	135 802,20	3 813 445,02	
Zu Abschreibung auf die Anlagen pro 1908		1 250 000,00	5 063 445,02
Dispositionsfonds			190 306,80
Hypotheken			150 000,00
Kreditoren			1 331 212,96
Aval			32 500,00
Unerhobene Dividende			648,00
Rückständige Obligationszinsen am 31. Dezember 1908			106 435,25
Gewinnüberschuß			1 001 849,30
Gewinnverteilung.			
Gewinnanteil des Vorstandes und Gratifikation an Beamte		68 523,50	
Tantieme des Aufsichtsrates		60 918,20	
Dividende 9½% auf 8 820 000 Mk. . .		837 900,00	
Vortrag auf 1909		34 507,60	
		1 001 849,30	
			24 385 897 74

Verlustkonto 1908.

Kredit.

	Mk.
Vortrag aus 1907	39 867,50
Ertrag der Oberschlesischen Elektrizitätswerke	2 589 372,96
Ertrag der Gasanstalt Glogau	157 147,35
	2 786 387,81

Sonstige Elektrizitätsversorgungen.

Königshütte bezieht den Strom seit dem 1. Oktober 1898 von der Königs- und Laurahütte und verkauft ihn an die Einwohner. Ein öffentliches Gaswerk besteht in dieser größten Stadt des Industriebezirkes nicht mehr. Es gehörte der Königs- und Laurahütte und ging mit der Errichtung ihres Elektrizitätswerkes ein. Der Wert des Netzes beläuft sich auf 345 000 Mk. Es ist mit 46 000 Mk. Schulden belastet. 1907 wurden für die öffentliche Beleuchtung 448 000 Kilowatt gebraucht. Die sonstige Abgabe stellte sich auf 1 055 000 Kilowatt gleich 23,86 Kilowatt pro Kopf. Der Privatverbrauch ist im Vergleich zu dem öffentlichen gering. Dies erklärt sich daraus, daß die Hütte ihren Bedarf selbst herstellt und die Stadt eine zahlreiche Arbeiterbevölkerung aufweist. Die Zahl der Glühlampen betrug 1907 27 980, von denen 547 auf die öffentliche Beleuchtung entfielen. Von den 355 Bogenlampen wurden 117 zur Erhellung der Straßen verwendet. Die 293 Motoren verfügten über 422 Pferdekräfte. Der Preis der Kilowattstunde beträgt für Licht 30 Pf., für Kraft 12 Pf. bei Rabattgewährung. 1909 wird bei einer Einnahme von 341 000 Mk. der Überschuß auf 43 000 Mk. veranschlagt, zu dem noch der Wert der öffentlichen Beleuchtung tritt.

Die Abnahme der Kraft von einem benachbarten Hüttenwerke findet sich auch bei anderen Gemeinden. In Laurahütte und Siemianowitz liefert die Hütte den Strom ohne Vermittlung der Gemeinden an die Verbraucher. Orzegow deckt seinen Bedarf bei den Schaffgotschschen Werken. Die Gemeinde erzielt hierbei einen Überschuß von etwa 700 Mk. Bielschowitz wird von dem Bergfiskus versorgt. Miechowitz bezieht den Strom von der Kattowitzer Aktiengesellschaft, ohne hierbei einen Vorteil zu erzielen. Ein erfreuliches Bild tritt uns in Mikultschütz entgegen, eine der jüngsten kommunalen Neubildungen, die die Fehler so vieler anderen vermieden hat. Die Gemeinde bezieht ihre Kraft zum Preise von 15 Pf. von der Donnersmarckhütte. Sie erhebt für Licht 22 Pf. pro Kilowatt, für Kraft 18 Pf. pro Kilowatt. Für öffentliche Beleuchtung wurden 25 000 Kilowatt, für private 27 000 Kilowatt abgegeben. Die Anlage hat 43 000 Mk. gekostet. Die Einnahmen betragen 8000 Mk., die Ausgaben 9300 Mk., so daß bei freier öffentlicher Beleuchtung immerhin ein Ertrag verbleibt.

Daß die Landgemeinden der Zentrale ihre Grenzen geöffnet haben, war wirtschaftlich richtig. Daß sie entgegen dem Beispiele Beuthens auf die Teilnahme an der Abgabe des Stromes verzichteten und sich mit einer

a) Betriebe zur Befriedigung des Konsums.

winzigen Gewinnbeteiligung begnügten, unentschuldbar. Der übereilte Abschluß der Verträge hat die Gemeinden der Einnahmen aus einem Betriebe beraubt, von dem mühelose Erträge zu erhoffen waren. Dieser Mißgriff, unter dem die großen Arbeitergemeinden noch ein volles Menschenalter zu leiden haben werden, kann nur gut gemacht werden durch die Schaffung von Einnahmen auf anderen Gebieten. Sie hängt vornehmlich ab von den Erfahrungen, die an anderen Orten mit der Rentabilität privater Gasanstalten gemacht werden.

Vergleichen wir die Gewinne der Gemeinden aus den Gas- und Elektrizitätsbetrieben, so gelangen wir zu folgendem Ergebnis:

	Gas Mk.	Elektrizität Mk.	Summe Mk.
Beuthen . . .	91 500	65 000	156 500
Gleiwitz . . .	16 000	10 000	26 000
Königshütte . .	—	43 500	83 500
		40 000 (freie Beleuchtung)	
Kattowitz . . .	60 000	42 000	102 000
Myslowitz . . .	43 000	—	43 500
Tarnowitz . . .	18 650	—	18 650
Zabrze	5 000	6 500	11 500

Bei Beuthen, Kattowitz und Myslowitz sind die Verhältnisse gleich, die Einnahmen ansehnlich, bei Königshütte und Tarnowitz bewegen sie sich auf der mittleren Linie, relativ gering sind sie nur bei Gleiwitz und Zabrze.

4. Märkte, Markthallen.

In den Einrichtungen für den Marktverkehr tritt uns die älteste und verbreitetste Art des Gemeindebetriebes entgegen. Er ist der einzige, der sich in Stadt und Land vorfindet. Er ist auch der älteste. Allen Wechseln wirtschaftlicher Anschauungen hat er erfolgreich getrotzt. Der Industriebezirk ist als Lebensmittelmarkt von hervorragender Bedeutung. Er ist der wichtigste des deutschen Ostens. Eine dichte kaufkräftige Bevölkerung bietet ein dankbares Feld für den Handel mit menschlicher Nahrung. Eine ausgezeichnete Organisation tritt uns in der Versorgung des Reviers mit Meeresprodukten entgegen. Heringe, Räucherfische aller Art, im Winter auch frische Seefische werden in gewaltigen Mengen und vorzüglicher Beschaffenheit dem Industriezentrum zugeführt. Sie liefern dem Volke ein gleich wohlfeiles wie schmackhaftes Nahrungsmittel. Die Maßnahmen, die auf diesem Gebiete der Handel getroffen hat, sind so vorzüglich, daß sich ein Eingreifen der Kommunen erübrigt. Gleich treffliche Einrichtungen finden sich auch auf anderen Gebieten z. B. bei dem Handel mit Südfrüchten. Hingegen wollen die Klagen über die Teuerung der Fleischpreise trotz des Kontingents an Schweinen, dessen Einführung aus Rußland gestattet ist, nicht verstummen. Wir werden hierauf noch zurückkommen. Während die Deckung des Fleischbedarfs durch den Großhandel wenigstens möglich ist, mehren sich die Schwierigkeiten bei den Gegenständen des Wochenmarktes[1] in engerem Sinne.

Daß der Industriebezirk seinen Bedarf aus nächster Nähe zu decken vermag, ist bei dem Fehlen des Gemüse- und Obstbaues so gut wie ausgeschlossen. Eine Hauptrolle spielt aus diesem Grunde die Zufuhr aus weiter Ferne. Es hat sich zu diesem Zwecke ein ausgedehnter Handel herausgebildet, der sich die Zufuhr russischer und galizischer Ware zum Ziele gesetzt hat. Er befindet sich fast ausschließlich in den Händen polnischer Juden.

Der Marktverkehr hat sich keineswegs auf die drei Verkehrsstädte Beuthen, Gleiwitz und Kattowitz beschränkt. Er zeigt vielmehr eine auffallende Zersplitterung. Selbst in den Landgemeinden finden sich größere Wochenmärkte. Die Bedeutung der Märkte für die Marktorte liegt nur zum geringsten Teile in ihrem Ertrag an Standgeld. Viel wichtiger ist der indirekte Nutzen, den sie dem stehenden Gewerbe des Marktortes bringen. „Wir sind überzeugt", sagt der Bürgermeister von Kattowitz, „daß der Wochenmarktverkehr die Grundlage des Bestehens einer großen Zahl unserer Kaufleute bedeutet und wir ihm deshalb jede Förderung angedeihen lassen müssen"[2].

Neben den Wochenmärkten finden sich andere, die uns heute in dem Zeitalter des Verkehrs, wo die Messen ihre einstige Bedeutung verloren haben, etwas fremdartig anmuten, die Jahrmärkte. Nicht von der Art, die eine mehr oder weniger erwünschte Begleiterscheinung von Volks- und Schützenfesten bildet, sondern ernst zu nehmende Veranstaltungen zur Deckung des Hausbedarfes. Sie werden in einer Reihe von Gemeinden abgehalten, z. B. in Beuthen, wo sie in kleinerem Umfange jeden Sonntag und in größerem mehrmals im Jahre stattfinden. Man wird zur Erklärung der seltsamen Vorliebe des niederen Volkes für derartige nach unseren

---

[1] Der Verkauf frischen Fleisches erfolgt vielfach auf Wochenmärkten.
[2] V. b. S. 128.

a) Betriebe zur Befriedigung des Konsums.

heutigen Anschauungen obsolete Veranstaltungen psychologische Momente heranziehen müssen. In der Reife seiner wirtschaftlichen Anschauungen steht der polnische Arbeiter dem Kinde näher wie dem Manne. Er ist der Überzeugung, daß man auf diesen Märkten viel besser und billiger kaufe als in den Läden. Und hierzu tritt ein anderes, was bei den heutigen Klagen des Detailhandels weit mehr denn bisher gewertet werden müßte. Unsere Warenhäuser verdanken ihren Zulauf nicht zuletzt dem Umstand, daß sie es verstanden haben, die bewährten Gepflogenheiten des mittelalterlichen Marktes mit seiner offenen Auslage der Waren ohne Kaufzwang mit einer modernen Betriebsführung zu paaren. In Beuthen gibt es nur ein einziges Warenhaus, obwohl bei der Größe der Stadt und der zahlreichen Bevölkerung in den Vororten das Bestehen mehrerer von ihnen vorausgesetzt werden könnte. Vielleicht ist es gerade der Jahrmarkt gewesen, der die Errichtung weiterer Warenhäuser verhindert hat.

Andere Märkte verdanken rituellen Bräuchen ihre Entstehung, so die zeitweise in Miechowitz und Deutsch-Piekar stattfindenden.

Besondere Beachtung verdienen die Gleiwitzer Veranstaltungen. Neben Wochenmärkten hat Gleiwitz drei Jahrmärkte, auf deren Beibehaltung der Magistrat im Jahre 1901 im Gegensatz zur Kaufmannschaft bestehen zu müssen glaubte. Sie werden übertroffen von den achtmal jährlich stattfindenden Viehmärkten. Ihre Bedeutung geht über Oberschlesien weit hinaus. Sie reicht bis Posen und Brandenburg ja bis tief nach Österreich, Ungarn und Rußland. Sie sind die Stätte, wo das Pferd des europäischen Ostens nach Deutschland verhandelt wird. 1905 wurden 12 500 Stück aufgetrieben. Dem gegenüber tritt die Bedeutung der Hornviehmärkte zurück. Sie ist rein lokaler Natur. In Gleiwitz besteht auch eine Börse. Für den „Oberschlesischen Produktenmarkt" stellt die Stadt das Lokal. Er hat die 1897 aufgehobene Getreidebörse abgelöst.

Königshütte hat den ersten und erfolgreichen Versuch unternommen, die Formen, in denen sich der Marktverkehr noch heute wie vor tausend Jahren abspielt, durch zeitgemäßere zu ersetzen. Die Stadt hat 1903/4 für 749 000 Mk. eine Markthalle erbaut. Sie besitzt Eisenbahnanschluß und verfügt über alle Einrichtungen moderner Lebensmittelversorgung. Der Versuch darf als geglückt bezeichnet werden. Man ist allseitig mit der Anlage zufrieden und freut sich heute dessen, daß die Märkte unter freiem Himmel aufgehört haben, obwohl die weitschauenden Pläne des Magistrates im Anfang heftig befehdet wurden. Auch in finanzieller Hinsicht hat die Anstalt den Erwartungen entsprochen. Das Jahr 1907 wies bei 94 000 Mk.

Einnahmen mit Zinsen und Tilgung eine Ausgabe von 71 000 Mk. auf. Von dem Überschusse von 23 000 Mk. werden alljährlich 10 000 Mk. zur Bildung einer Rücklage verwendet, während der Rest zur Stadtkasse fließt. Daneben bestehen noch Jahr- und Viehmärkte, die insgesamt 3800 Mk. einbringen.

In Kattowitz beträgt die Bruttoeinnahme an Standgeld 33 000 Mk., in Gleiwitz 30 000 Mk., in Beuthen 25 000 Mk. ohne Viehmarkt.

Während sich sonst auf dem Gebiete des Munizipalsozialismus zwischen Städten und Landgemeinden auffallende Verschiedenheiten ergeben, findet sich bei den Märkten größere Gleichmäßigkeit. An erster Stelle stehen die Märkte in Zabrze, der größten Landgemeinde des Bezirkes, deren Ertrag sogar den der Städte überflügelt (27 800 Mk.). Hier und in Lipine (7500 Mk.) findet sich die heute nur mehr bei Brücken und Chausseen vorkommende mittelalterliche Verpachtung der Gefälle. Die Bedeutung beider Märkte geht über den Ortsbering hinaus. Zaborze (5500 Mk.) leidet unter zu großer Nähe der Märkte von Zabrze, während das an Lipine grenzende Chropaczow keine Einnahmen auf diesem Gebiete aufzuweisen hat. Ähnliche Verhältnisse bestehen bei Laurahütte (5000 Mk.), dessen Schwestergemeinde Siemianowitz (1500 Mk.) durch die Nähe des Nachbarmarktes geschädigt wird. In Chorzow und Eichenau bringt das Standgeld 3000 und 2100 Mk. Die großen Gemeinden Bismarckhütte und Schwientochlowitz gravitieren nach Königshütte. Aus diesem Grunde hat sich der Markt von Bismarckhütte im Vergleich zur Größe des Ortes nur wenig entwickelt (2500 Mk.), während die Nachbarorte Schwientochlowitz und Neuheiduk es zu einem solchen nicht gebracht haben. Relativ hohe Einnahmen erzielen manche weiter abliegende Plätze, so Biskupitz (2100 Mk.), Mikultschütz (2000 Mk.), Radzionkau (1900 Mk.) und Neudorf (1800 Mk.), während sich bei Bielschowitz (1400 Mk.) und Scharley (1100 Mk.) die Nähe von Zabrze und Beuthen geltend macht. Völlig im Banne des Kattowitzer Marktes stehen seine Vororte Zawodzie, Domb und Zalenze. Gleiche Verhältnisse zeigt Roßberg, dessen westlicher Teil unmittelbar an den Beuthener Marktplatz grenzt. In Tarnowitz erreichen die Standgelder den Betrag von 8000 Mk., während es Myslowitz trotz seines regen Grenzverkehrs nur auf 6000 Mk. bringt.

Während die oberschlesischen Städte die Versorgung mit pflanzlichen Lebensmitteln dem freien Spiel der Kräfte überlassen haben, sind sie auf einem Gebiete zum energischen Vorgehen genötigt worden, dem der **Fleischversorgung**. Oberbürgermeister Mentzel[1] schreibt hierüber folgendes:

---

[1] Verwaltungsbericht von Gleiwitz 1901—1906, S. 138.

a) Betriebe zur Befriedigung des Konsums.

„Wie alle Gemeinden des oberschlesischen Industriebezirkes hat auch die unsrige die Frage der Fleischversorgung im Jahre 1905 beschäftigt. Die eigenartigen Verhältnisse hatten schon in früheren Jahren dazu geführt, daß wöchentlich 1360 russische Schweine für die Schlachthäuser Oberschlesiens eingeführt werden konnten. Von diesen entfielen auf Gleiwitz 67 Stück, die im Schlachthause zu Zabrze getötet werden mußten. Daß dieses Verfahren schwere finanzielle und sanitäre Übelstände mit sich brachte, wurde allgemein anerkannt. Gleichwohl konnte die Abstellung des Mißstandes erst nach wiederholten dringenden Vorstellungen an die Königliche Staatsregierung im Jahre 1903 erreicht werden, indem der Herr Minister für Landwirtschaft die Einführung in unser Schlachthaus im lebenden Zustande genehmigte und das Kontingent auf 74 Stück erhöhte. Im Jahre 1905 trat eine allgemeine Fleischteuerung ein, die im Bezirk alsbald in eine wirkliche Fleischnot überging. Sie war vornehmlich durch die Dürre und Futternot des Vorjahres hervorgerufen. Von Beginn der Teuerung an bestand in allen Kreisen, abgesehen vielleicht von den schärfsten Vertretern der agrarischen Interessen die Überzeugung, daß der Notlage nur durch baldige vermehrte Einfuhr russischer Schweine, wenn nicht durch völlige Öffnung der Grenzen wirksam begegnet werden könne. Trotz der dringendsten Vorstellungen der beteiligten Kreise und trotz wiederholten Hinweises auf die drohenden wirtschaftlichen und politischen Gefahren konnte die vermehrte Einfuhr zunächst nicht erreicht werden, weil die Königliche Staatsregierung sie aus veterinärpolizeilichen Gründen für unzulässig hielt. Erst im November 1905 ließ der Herr Minister, nachdem der Versuch der Viehzentrale den Bedarf durch inländische Zufuhr zu decken mißlungen war, die Erhöhung des Kontingents zu. Zunächst für November 1905 um 300, für Dezember 1905 um weitere 300 Schweine, bis am 1. März 1906 die nach dem neuen Handelsvertrage zulässige Höchstzahl von 2500 Schweinen wöchentlich zugelassen wurde. Von der Erhöhung entfielen auf Gleiwitz je 44, so daß vom 1. Dezember 1905 ab 162 in das Schlachthaus eingeführt werden konnten. Die Verteilung der Schweine erfolgt durch eine Kommission, bestehend aus dem Kreistierarzt, dem Schlachthofleiter und einem Fleischer."

Das Problem der Fleischversorgung scheint uns auch mit einer erweiterten Öffnung der Grenzen nicht abgetan. Die Erfahrung lehrt, daß die Fleischversorgung in der Nähe der größten Märkte die beste ist. Am Beispiele Wiens, Berlins und Kölns läßt sich dies unschwer nachweisen. Von den oberschlesischen Schlachtviehmärkten hat sich kein einziger eine überragende Stellung zu schaffen vermocht. Angeblich soll dies an der Nähe der Grenze liegen. Und so liegt denn der eigentliche Viehmarkt des Bezirkes nicht im Bezirke selbst. Der weitaus größte Teil des Bedarfes an Rindvieh wird auf dem Breslauer Markte (160 km entfernt) gedeckt. Ein derartiger Zustand dürfte in Deutschland seinesgleichen suchen. Selbst im rheinisch-westfälischen Kohlenrevier sind derartige Verhältnisse nicht anzutreffen. In diesem liegen die Hauptmärkte viel näher bei den Schlachtstätten.

Was Oberschlesien fehlt, ist ein zentraler Viehmarkt, der dem 800 000 Einwohner zählenden Revier den Bedarf an Großvieh sicher stellen müßte. Seine Schaffung wäre Aufgabe eines der großen Zweckverbände, deren Bildung mehr und mehr zur Notwendigkeit wird. Sollte man sich nicht bald zu durchgreifenden Maßnahmen aufraffen, so ist eine weitere Verschlechterung der Fleischversorgung zu befürchten.

Ob die Städte in Dingen der Lebensmittelversorgung für die Folge das bisherige Maß von Zurückhaltung bekunden werden, ist eine Frage, in die wir begründete Zweifel setzen. Die Eier- und Butterpreise steigen zusehends. Auf dem Gebiet des Gemüsekonsums besteht eine direkte Unterernährung. Frisches Gemüse ist dem Haushalt des Arbeiters fast das ganze Jahr verschlossen, im Winter vielfach dem Mittelstande. Wer die ausgezeichneten Verhältnisse des Westens aus eigener Erfahrung kennt, kann nur sein Staunen über die Genügsamkeit des Volkes auf diesem Gebiete ausdrücken. Der heutige Gemüsebau bei Neisse und Oberglogau vermag den Bedarf nicht zu decken.

b) Betriebe zur Befriedigung des Kredits.
5. Sparkassen.

Die Sparkassen des Oberschlesischen Industriebezirks haben sich erst spät entwickelt. Die älteste von ihnen konnte erst am 1. Oktober 1908 auf ein 50jähriges Bestehen zurückblicken, die des alten Gesamtkreises Beuthen, die heutige Kasse Beuthen-Land, die der rastlosen Tätigkeit des Landrates Hugo Solger ihre Entstehung verdankt. Das Institut stieß mit seinen Bestrebungen in den ersten Jahren auf den passiven Widerstand der Bevölkerung. Vor allem waren es die bäuerlichen Kreise, die dem deutschen Sparkassenwesen gegenüber nicht immer eine wohlwollende Haltung bekundet haben. Und auch seit der Zeit, wo sie von der zwecklosen Aufspeicherung von Barbeträgen in Verborgnissen zurückgekommen sind, haben sie die Anlegung ihrer Kapitalien an anderer Stelle vorgezogen[1]. Zum Teil liegt

---

[1] Anders liegen die Verhältnisse im Kreise Tarnowitz.

dies daran, daß die Sparer weniger auf eine erstklassige Sicherheit wie auf eine möglichst hohe Verzinsung sehen. Diese Auffassung kann bei dem scharf ausgeprägten materiellen Charakter der Bevölkerung nicht wundernehmen. Von jeher hat das Depositengeschäft einen starken Wettbewerb für die Kassen gebildet, der sich in den letzten Jahren verschärft hat. Diese Erscheinungen bildeten den Gegenstand der Beratung des letzten Schlesischen Sparkassentages, der eine engere Anpassung der Bedürfnisse der Sparkasse an die des täglichen Lebens erstrebte. Der weitblickende Förderer des Schlesischen Sparkassenwesens, der Oberpräsident Staatsminister Graf Zedlitz sagte bei diesem Anlaß: „Lassen sie uns die Sparkassen als eine Zelle auffassen, die sich in ihrer weiteren Entwicklung an die wirklichen Bedürfnisse des täglichen Lebens anschließt und verlangt, daß es möglich gemacht werde, auch einmal hinüberzugreifen in Geschäfte, die ursprünglich nicht als ihre Aufgabe bezeichnet worden sind. Wer dies verhindert, muß sich klar sein, daß er die rückläufige Bewegung fördert, die unsere Sparkassen in den letzten Jahren angenommen haben und die nach meiner Überzeugung durchaus nicht allein darauf zurückzuführen ist, daß in den Zeiten der Geldknappheit andere Institute mehr Zinsen zahlten. Ein Anhalten dieser Bewegung würde unserm gesamten kleinen Kreditverkehr in Stadt und Land sehr zum Schaden gereichen". Unsere Untersuchungen werden sich mit der Frage zu befassen haben, inwieweit das Sparkassenwesen des Industriebezirks diese Vorwürfe verdient. Mehr und mehr haben die Banken nach englischem Vorbild Depositengeschäfte in den Bereich ihrer Wirksamkeit gezogen. So gerechtfertigt und unbedenklich wir die Hinterlegung gewerblicher Gelder im Kontokorrentverkehr bei Banken halten, so sehr muß es Bedenken erwecken, wenn die Rücklagen des kleinen Mannes, die eine erstklassige Anlage erfordern, zur Finanzierung von gewerblichen Kreditgeschäften verwendet werden, wie dies bei der Bank Ludowy, Volksbank E. G. m. u. H. in Beuthen geschieht, die 1908 über 6 430 116 Mk. Einlagen verfügte, von denen 6 063 064 Mk. auf Wechsel gegeben waren. Der Ausbau der Kreditgenossenschaften hat in den letzten Jahren erfreuliche Fortschritte gemacht. In den Landgemeinden bestehen sie fast an jedem Orte. Im Kreise Beuthen Land verfügen sie über 900 000 Mk., im Kreise Tarnowitz über 1 350 000 Mk. an Einlagen.

Die Kreissparkasse Beuthen in Roßberg, die 1909 einen Bestand von 10 672 212 Mk. mit 12 337 Konten aufwies, hat einen geringeren Geschäftsumfang wie die in ihrer unmittelbaren Nähe liegende städtische Schwesteranstalt. Gleichwohl wirft sie von allen des Bezirkes die größten Überschüsse ab. Ihr Reservefonds beläuft sich auf 1 112 351 Mk. Da er mehr als

10 % der Einlagen beträgt, so fließen die Überschüsse in vollem Umfang dem Kreise zu. Den Zinsüberschüssen von 150 978 Mk. standen 1908 14 627 Mk. an Verwaltungskosten gegenüber. Die Kasse hat sich zu einem bedeutsamen Faktor für die Finanzgebarung des Kreises gestaltet. In früheren Jahren, wo nur ein Teil des Gewinnes gemeinnützigen Zwecken dienstbar gemacht werden konnte, wurde dieser in einen Überschußfonds abgeführt. Bei dem schwankenden Charakter dieser Einnahme empfiehlt sich die Beibehaltung dieses Brauches. Der Kreis hat mit den Überschüssen eine beachtenswerte Wohlfahrtspflege begründet, die ohne sie wohl unterblieben wäre. Auch hier finden wir die auch anderwärts gemachte Wahrnehmung bestätigt, daß mit Hilfe der Sparkassenüberschüsse sozialpolitische Ziele allmählich und fast ohne Kampf zu öffentlichen Aufgaben werden. Die Sozialpolitik des Kreises Beuthen hebt sich vorteilhaft von der vieler preußischer Kreisverwaltungen ab, die auf diesem Gebiete gar nichts oder wenig geschaffen haben. Als das bedeutendste mit den Überschüssen begründete Unternehmen darf das Kreisinvalidenhaus in Rokittnitz gelten. Es hat 604 000 Mk. erfordert, von denen 275 000 Mk. in künftigen Jahren aus den Überschüssen der Kasse gedeckt werden sollen. In erheblichem Umfange sind diese zur Ausgestaltung des Haushaltungsschulwesens verwendet worden[1].

Der Haushaltungsunterricht ist in allen Schulen des Kreises obligatorisch. Die Schülerinnen der Volksschulen besuchen ihn wöchentlich fünf Stunden. Die Lehrerinnen sind im Hauptamt angestellt. Es bestehen in Roßberg und Schwientochlowitz je zwei Schulen, in den anderen Gemeinden je eine. Auch für Volksbibliotheken, Jugend- und Lehrlingsheime, Wegebauten, Handfertigkeitsschulen und das Kreiskrankenhaus wurden Überschüsse bereitgestellt. Im laufenden Jahre ist die Kasse zur täglichen Verzinsung ihrer Einlagen, für die sie 3¼ % vergütet, übergegangen. Von den Einlagen sind 40 % in Hypotheken angelegt. Ob die Pflege des Hypothekenmarktes in den Nachbarstädten zu den Aufgaben der Anstalt gehört, kann nur dann bejaht werden, wenn die Nachbarstädte ein gleiches Entgegenkommen gegenüber dem Kreditbedürfnis in den großen Landgemeinden ausüben, oder wenn es im Kreise an geeigneten Beleihungsobjekten mangelt. In erfreulichem Umfange hat sich die Kasse der Pflege des Kredits der großen Landgemeinden zugewendet. Eine weitere Ausdehnung ist bei dem zunehmenden Geldbedarf um so mehr zu empfehlen, als der Kreis ein

---

[1] Der kulturelle Tiefstand der oberschlesischen Arbeiterbevölkerung ist zu einem großen Teile auf das geringe Verständnis zurückzuführen, das die Frauen hauswirtschaftlichen Fragen entgegenbringen. Die Schulen wurden 1909 von den Gemeinden übernommen. Der Kreis zahlt Zuschüsse.

b) Betriebe zur Befriedigung des Kredits. 39

großes Interesse daran hat, die Leistungsfähigkeit der großen Gemeinden des Kreises durch billige Kreditgewährung zu stärken. Seit 1904 hat sich die Kasse dem Personalkredit zugewendet, der seitdem in 297 Fällen mit 29 350 Mk. in Anspruch genommen wurde. Der Zinsfuß betrug in diesen Fällen 4½%. Die Anstalt arbeitet unter günstigen Zinsverhältnissen. Die Mehrzahl der Hypotheken bringt 4½%. Die nächsten Jahre werden entscheiden, ob die gesamten Überschüsse sozialpolitischen Zwecken dienstbar gemacht oder ob sie bei der zunehmenden Verschlechterung der Gemeindefinanzen auch zur steuerlichen Entlastung verwendet werden. In einer Hinsicht weist die Kasse eine eigentümliche Entwicklung auf. Seit ihrer Gründung haben sich aus ihrem einstigen Haftungsverbande drei Landkreise und drei Stadtkreise abgezweigt, ohne daß man mit der Auseinandersetzung des Kreisvermögens auch eine ihres Reservefonds verbunden hätte. Ein derartiges Verfahren entspricht zwar dem zurzeit in Preußen geltenden Rechte. Es dürfte schwerlich den Beifall der ausscheidenden Verbände gefunden haben. Mag auch der heutige von den Verwaltungsgerichten geteilte Standpunkt der Regierung formell gerechtfertigt erscheinen. Es war ein wirtschaftlich nicht zu billigendes Verfahren, daß den ausscheidenden Kreisteilen das Eigentum an dem Reservefonds verwehrt wurde. Das heutige System läßt sich nur dann vertreten, wenn die Kassen nach Auffüllung des Reservefonds Überschüsse nicht erzielen dürfen. Diese Auffassung wird heute weder von den Garantieverbänden noch von der Aufsichtsbehörde geteilt. Bei den großen Schwierigkeiten, die die Überweisung des Eigentums an einem Teile des Reservefonds unter gleichzeitiger Mitverhaftung der ausscheidenden Kreisangehörigen bietet, bedeutet die Liquidation den besten Ausweg. Es wären alle aus dem ausscheidenden Teile herrührenden Einlagen den eventuell neu zu bildenden Kassen oder der Kasse des ausscheidenden Teiles zu überweisen, während der Reservefonds nach dem Verhältnis der Einwohnerzahl zu zerlegen wäre.

Die 1884 gegründete Sparkasse der Stadt Beuthen hat im Laufe der Jahre ihre Nachbarin überholt. (1907 Einlagen 11 009 627 Mk. 16 660 Sparbücher.)

Sie ist inzwischen gleichfalls zur täglichen Verzinsung übergegangen und zahlt 3¼% Zinsen. Der Reservefonds belief sich auf 290 880 Mk. gleich 2,6% des Bestandes. Der Zinsüberschuß betrug 70 772 Mk. Schon aus dieser Zahl ergibt sich, daß die Kasse eine wesentlich andere Gewinnpolitik wie die des Landkreises einschlägt. Auch sie hat einen erheblichen Teil in Hypotheken angelegt (6 905 700 Mk.). Sie scheint mit dieser Anlage nicht ausschließlich Gewinnzwecke zu betreiben, da sie mit ausgesprochener

Vorliebe Liegenschaften im eigenen Stadtbezirk beleiht. Der Zinsfuß stellt sich im Durchschnitt auf nur 4 %. In nicht geringem Umfange macht der Garantieverband die Mittel zur Deckung seines eigenen Bedarfes dienstbar. Er hat ihnen 2 262 700 Mk. entnommen (20 % der Einlage). Von ihnen entfällt der größte Teil auf Beuthener Stadtobligationen. Das Beispiel der Kasse regt die Frage an, ob die heute vorgeschriebene Reservefondsbildung nicht in anderer Weise erfolgen könnte. Der Stadt wäre es ein leichtes, von den vielen Millionen ihres Kapitalvermögens 800 000 Mk. zur Auffüllung der Rücklage zu verwenden. Dann könnten die vollen Überschüsse in den Stadtsäckel fließen, dem sie heute recht willkommen wären. Die zeitige Finanzpolitik der Kasse erweckt den Eindruck, als ob die Stadt bei dem stetigen Steigen der Einlagen die Hoffnung auf die Entnahme von Überschüssen in absehbarer Zeit aufgegeben hätte. Hierfür spricht auch der Umstand, daß die Kasse keinerlei Wechsel- und Lombardgeschäfte treibt.

Während sich die beiden Anstalten keinen oder nur geringen Wettbewerb bereiten, bieten uns die Zustände in dem benachbarten Kattowitz ein ungleich anderes Bild. Die 1877 gegründete städtische Anstalt klagt lebhaft über den Wettbewerb anderer Kassen. Sie hat hierzu allen Anlaß, denn ihr Bestand hat in den letzten Jahren abgenommen. Er ist von 6 189 000 Mk. 1903 auf 5 877 000 Mk. zurückgegangen (1909). Der Bürgermeister gibt hierüber folgende Aufklärung[1]:

„Der verminderte Zufluß an Spareinlagen entspricht dem regen Wettbewerb der benachbarten öffentlichen Sparkassen als auch der Tätigkeit der ländlichen Spar- und Darlehnskassen in der Umgebung von Kattowitz sowie der polnischen Volksbanken in Kattowitz, Siemianowitz und Beuthen. Die Zahl der nahen ländlichen Spar- und Darlehnskassen[2] wird durch Neugründungen fortgesetzt vermehrt. Neben diesen Instituten fließen auch den zahlreichen Privatbanken hiesiger Stadt, die seit Beginn der Schwierigkeiten auf dem deutschen Geldmarkte, d. i. seit Mitte des Jahres 1905 für täglich abhebbares Geld weit höhere Zinsen als die öffentlichen Sparkassen gewähren, Spargelder in erheblichem Maße zu. In der Hauptsache war es aber die Sparkasse des Landkreises, welche durch ihre Tätigkeit und durch ihre in der Erhöhung des Zinssatzes für Spareinlagen von 3 auf 3$^1/_2$ % gipfelnde Zinspolitik zur Ablenkung des Spargelderzuflusses von unserer Kasse geführt hat. Um dem zu begegnen, ist zunächst zu einer Änderung der Satzung in Form eines zweiten Nachtrages geschritten worden. Dieser

---

[1] Verwaltungsbericht 1903—1906, S. 63.
[2] genossenschaftlichen Charakters.

b) Betriebe zur Befriedigung des Kredits.

Nachtrag ermöglichte von Mitte Oktober 1906 ab die Verzinsung der Spareinlagen in halbmonatlichen Zeitabschnitten."

Als weiteren Grund für die unbefriedigende Entwicklung führt der Magistrat die Bestimmung an, daß der Bestand an Hypotheken zwei Drittel der Einlagen nicht übersteigen dürfe, eine Beschränkung, die der Kreiskasse fremd sei. Die Schwierigkeiten der Anstalt sind unseres Erachtens vorwiegend darauf zurückzuführen, daß der Zinsfuß für oberschlesische Verhältnisse zu niedrig ist. Sollte sich die Kasse, die in dem Übergange zur halbmonatlichen Verzinsung bereits eine ansehnliche Besserung ihrer Zinsbedingungen zu erblicken glaubte, nicht bald vollkommeneren Formen des Geschäftsverkehrs zuwenden, so dürften ihr weitere trübe Erfahrungen nicht erspart bleiben. Gleich ihrer Beuthener Schwesteranstalt dient sie in erheblichem Umfange ihrem Garantieverbande zur Deckung seines Geldbedarfes. 1909 hat sie an die Stadt an 450 000 Mk. Darlehen und an 1 250 000 Mk. Hypotheken ausgeliehen. 30 % der Einlagen werden sonach der Stadt für ihre wirtschaftlichen Zwecke dienstbar gemacht. Die Kasse zeigt uns das eigentümliche Steigen verwendbarer Überschüsse bei gleichbleibender Entwicklung. 1905 hatte der Reservefonds 10 % der Einlagen erreicht. 1903—1906 konnten 108 601 Mk. zu gemeinnützigen Zwecken verwendet werden, so für ein Krankenhaus, für die Offenlegung einer Straße, für Badeanstalten und öffentliche Anlagen sowie 39 072 Mk. für den Bau eines Theaters. Seit dem Bestehen der Kasse sind bis 1907 289 300 Mk. verwendet worden. 1909 können 90 000 Mk. an die Stadtkasse abgeführt werden. Da ein erhebliches Steigen der Einlagen erhöhte Rückstellungen bedingt, so kann der heutige Stillstand der Kasse der in wenig günstigen Finanzverhältnissen befindlichen Gemeinde nur erwünscht sein. Allerdings würde damit die Kasse zu einer stabilen Einnahme des Haushalts. Jede Erhöhung des Reservefonds würde einen Rückgang der Überschüsse bedeuten. Auch als Vermögensfaktor ist der Reservefonds für die nicht gerade schuldenfreie Stadt von hoher Wichtigkeit. Gegen ihn tritt das rentbar angelegte Kapitalvermögen von 537 000 Mk. zurück.

Einen ungleich größeren Bestand weist die Kreissparkasse zu Kattowitz auf. Sie hatte es Ende 1907 auf 8 604 206 Mk. gebracht, die sich auf 8 169 Konten verteilten. Der Reservefonds belief sich auf 604 783 Mk. Er hat sich gegen das Vorjahr um 99 000 Mk. vermehrt. Die Kasse wird sonach in absehbarer Zeit dem Kreis bedeutende Mittel für eine großzügige Wohlfahrtspflege gewähren, mit der er gegen den benachbarten Beuthener zurückgeblieben ist.

Die zweite öffentliche Sparkasse im Landkreise Kattowitz besitzt für uns ein besonderes Interesse, weil sie den im Industriebezirk bisher noch nicht unternommenen Versuch darstellt, den Spartrieb durch die Errichtung besonderer kreisunfreier Gemeindesparkassen zu fördern[1]. Der Kasse der 5 km östlich von Kattowitz entfernt liegenden Grenzstadt Myslowitz kann die Anerkennung erfreulicher Entwicklung nicht versagt werden. Sie hat es auf 2274 Konten gebracht, unter denen die kleineren bis zu 600 Mk. überwiegen (72 %). Die Einlagen stellten sich Ende 1907 auf 1511221 Mk., der Reservefonds auf 73900 Mk., die Zinsüberschüsse auf 27466 Mk. 1907 teilte die Kasse das Geschick so vieler Schwesteranstalten, daß die Einzahlungen zurückgingen. Zum Teil war dies auf die Geldknappheit und den hohen Reichsbankdiskont jenes Jahres zurückzuführen. Zum Teil mochte es daran liegen, daß die Banken damals hohe Zinsen für tägliches Geld gewährten. Nicht ganz ohne Einfluß wird auch die Errichtung der Deutschen Volksbank gewesen sein. Die Satzungen wurden 1905 dahin geändert, daß von dem Gewinne dem Reservefonds nur mehr die Hälfte zuzuführen ist, wenn dieser die Summe von 5 % erreicht hat. Damit dürfte die Möglichkeit zur baldigen Abführung von Überschüssen gegeben sein. Die Myslowitzer Kasse bestätigt die allenthalben gemachte Erfahrung, daß unter normalen Verhältnissen die Errichtung neuer Sparkassen keinen Wettbewerb für die bestehenden bedeutet. In wenigen Jahren wird die Kasse etwa 10000 Mk. für Gemeindezwecke abwerfen.

Die Gründung der Sparkasse zu Königshütte fällt in die Zeit, wo sich die Stadt anschickte, aus dem Landkreise Beuthen auszuscheiden. Die 1891 errichtete Kasse hatte es Ende 1907 auf 5968000 Mk. gebracht, zu deren Deckung ein Reservefonds von 220000 Mk. dient. Er würde noch höher sein, hätte nicht die Anstalt in den letzten Jahren andauernd Kursverluste erlitten, die sich von 1905—1907 auf 108000 Mk. beliefen. Die Kasse nähert sich sonach dem Augenblick, wo der Reservefonds 5 % erreicht, und Überschüsse dem Haushalt dieser so schwer ringenden größten Arbeiterstadt des Bezirkes zufließen werden. Die Zinsen wurden früher monatlich dann halbmonatlich berechnet, bis man am 1. April 1908 zur täglichen Verzinsung überging. Die Zahl der Bücher belief sich 1907 auf 12266. Es entfällt sonach auf ein Sparbuch 487 Mk. gegen 534 Mk. 1904. Die Kasse hat einen erheblichen Bestand an kleinen Einlagen (4750 bis zu 60 Mk.), ein Beweis, wie sehr sie den Interessen des kleinen Mannes dient. An den Garantieverband sind 1065000 Mk. zumeist gegen Hypothek oder sonstige Sicherheit ausgeliehen. Die Einlagen sind vorwiegend in Hypotheken

---

[1] Abgesehen von Tarnowitz, das außerhalb des eigentlichen Industriebezirks liegt.

b) Betriebe zur Befriedigung des Kredits.

und Inhaberpapieren, neuerdings auch gegen Schuldschein und Faustpfand angelegt. 48 000 Mk. „Obligationen" der Stadt Tarnowitz, die unter den Wertpapieren aufgeführt werden, mögen der Seltsamkeit halber genannt werden.

Die am 13. September 1905 errichtete Kasse der Stadt Tarnowitz ist die jüngste der öffentlichen Sparstellen des Industriezentrums. Sie hat es in ihrem ersten Jahre auf einen Bestand von 275 000 Mk. gebracht. An Zinsen werden 3$^1/_2$ % gewährt. Mit der Freude über die Entwicklung des jungen Unternehmens verbindet die Verwaltung das Bedauern, es erst jetzt ins Leben gerufen zu haben. „Wäre die Sparkasse vor langen Jahren errichtet worden, so hätten wir vielleicht schon Überschüsse für gemeinnützige Zwecke, die die Steuerlast der Bürgerschaft nicht unwesentlich erleichtern würden[1]." Die Kasse hat es trotz der vorwiegend ländlichen Verhältnisse des Kreises im ersten Jahre auf 616 Konten gebracht, von denen 60 % Einlagen unter 150 Mk. aufweisen. Mittlerweile hat sie sich derart gehoben, daß der Haushalt für 1909 mit einem Bestand von 560 000 Mk. rechnen konnte. Daß die Sparkassen im Industriebezirk noch gewinnreiche Geschäfte mit Hypotheken erzielen können, mag daraus erhellen, daß sich diese mit nahezu 4$^1/_2$ % verzinsen.

Die 1865 gegründete Kasse der Stadt Gleiwitz gehört zu den ältesten des Bezirkes. Gleichwohl hat sie nicht solche Bedeutung wie die jüngere der Stadt Beuthen erlangt. Man wird zur Erklärung dieses Umstandes die eigentümliche Lage der Stadt heranziehen müssen, die an der Grenze des Industriebezirks gelegen von drei Seiten von ackerbautreibenden Bezirken umgeben ist. Ihr Bestand belief sich 1905 auf 5 921 000 Mk., der sich bis 1909 auf 6 272 000 Mk. gehoben hat. Sie gewährte damals 3 heute 3$^1/_2$ % Zinsen. Bisher hat sie vorwiegend das Hypotheken- und Wertpapiergeschäft gepflegt. Die Abstoßung eines Teiles der Wertpapiere dürfte mit der Erhöhung des Zinsfußes zusammenhängen, die auch dazu geführt hat, daß die Mehrzahl der Hypotheken zu 4$^1/_2$ % ausgetan wird. Neuerdings hat man Darlehen gegen Wechsel und Lombard eingeführt. Im Gegensatz zu ihrer Beuthener Schwesteranstalt verfügt die Kasse nur über geringen Besitz an eigenen Stadtobligationen. Auch sonst hat die Stadt die Mittel der Anstalt in geringerem Umfang als sonst hier zu Lande in Anspruch genommen. Trotzdem der Reservefonds nur den Betrag von 5 % überschritten hat, konnten ansehnliche Überschüsse für gemeinnützige Zwecke bestimmt werden. Bis Ende 1907 wurden 301 000 Mk. an die Stadtkasse abgeführt, hierunter 131 000 Mk.

---

[1] Verwaltungsbericht 1901—1907, S. 33.

III. Das System des Munizipalsozialismus.

Spar-

Bestand Ende	Beuthen Land 1907	Beuthen Stadt 1908	Kattowitz Land 1908	Kattowitz Stadt 1907
	Mk.	Mk.	Mk.	Mk.
Konten	12 337	16 660	8 169	8 297
Einlagen	10 450 392	11 042 575	7 999 687	6 028 500
Einzahlungen	2 047 800	2 997 698	2 077 094	1 615 800
Zinsgutschrift	323 577	331 472	265 411	227 300
Summa	12 821 769	14 371 745	10 342 192	7 871 600
Auszahlungen	2 149 557	3 272 119	1 737 986	1 791 600
Bestand	10 672 212	11 099 626	8 604 206	6 080 000
Reservefonds	1 112 351	290 880	604 783	600 000
Zinsfuß	3¼	3¼	—	3%
Verzinsung	täglich	täglich	—	halbmonatlich

in den Jahren 1901—05. Der jährliche Durchschnitt stellte sich auf etwa 25 000 Mk. Die Art der Verwendung der Überschüsse ist bezeichnend für die Finanzlage von Gleiwitz. Fast die Hälfte von ihnen mußte für Volksschulzwecke verwendet werden. Der Bestand an Reichsanleihen ist von 1901 bis 1909 von 2 148 000 auf 1 048 000 Mk. zurückgegangen, kein Beweis für die Beliebtheit unserer Staatsanleihen. Man kann es bei der heute vorgeschriebenen Bilanztechnik den Kassen nicht verübeln, wenn sie sich bei dem Kaufe von Staatsanleihen möglichste Zurückhaltung auferlegen. Die doch immerhin fiktiven Kursverluste der letzten Jahre haben in die Gewinnpolitik der Kassen ein Moment der Unstetigkeit hineingetragen.

Die Kasse des Kreises Zabrze gehört wie die des Kreises Tarnowitz zu den Gründungen, deren äußeren Anlaß die Teilung des alten Gesamtkreises Beuthen gebildet hat. Die Kasse weist 13 041 Konten auf. Sie steht mit ihnen unter allen Kreiskassen an erster Stelle. Sie hat einen annähernd gleichen Stand wie die Beuthener Kasse, während sie die des nahezu gleich großen und gleich industriellen Kreises Kattowitz weit überflügelt. Die größere Zahl von Einlegern ist zunächst auf die Lage des Instituts zurückzuführen. Haben doch die eng zusammenliegenden Orte Zabrze und Zaborze mehr Einwohner wie der Rest des Kreises. Vor allem lockt der hohe Zinsfuß (3½% bis 5000 Mk., 3% über 5000 Mk.) die Sparer mit größeren Guthaben. An Einlagen zwischen 600 und 3000 Mk. sind über 3200 vorhanden. Die Anstalt arbeitet unter günstigen Zinsverhältnissen. Für Hypotheken erhält sie 4½—5%, für Gemeindedarlehen 3½—4½%. Die

b) Betriebe zur Befriedigung des Kredits. 45

kassen.

Myslowitz 1907	Königs- hütte 1906	Zabrze 1908	Gleiwitz 1907	Tarnowitz Land 1908	Tarnowitz Stadt 1906
Mk.	Mk.	Mk.	Mk.	Mk.	Mk.
2 274	12 266	13 041	10 340	5 918	616
1 451 591	5 698 826	8 219 018	6 384 100	4 886 357	54 549
353 654	} 2 041 755	2 419 613	1 526 500	1 401 207	292 441
44 470					5 517
1 849 715	7 740 581	10 638 632	7 910 600	6 287 564	352 507
338 493	1 771 721	2 184 816	1 638 500	1 168 871	76 966
1 511 221	5 968 860	8 453 815	6 272 100	5 118 693	275 541
73 900	—	466 255	353 458	291 364	0
—	3¼	— 5 000 3½	3% Juni 08 jetzt 3½	3½ %	3½ %
—	täglich	ü. 5000 3%			

Kasse pflegt vornehmlich das Hypothekengeschäft (1908 56% = 5 033 000 Mk.) und die Hergabe von Darlehen an Gemeinden (23% = 2 058 000 Mk.). Lombard- und Wechselverkehr sind wenig entwickelt. Der Bestand betrug Ende 1907 8 453 815 Mk., denen ein Reservefonds von 466 255 Mk. gegenüberstand. Im letzten Jahre wurden 28 500 Mk. für gemeinnützige Zwecke verwendet.

In weit höherem Maße erweckt die Sparanstalt des kleinsten Industriekreises die 1884 ins Leben gerufene Tarnowitzer Kasse unsere Beachtung. Sie hat bei 5918 Konten 5 118 000 Mk. Einlagen und ist sonach die kleinste der Kreiskassen. Es werden 3½% Zinsen gezahlt. Der Reservefonds beläuft sich auf 291 000 Mk. Besondere Sorgfalt wird der Pflege des ländlichen Hypothekenmarktes gewidmet. Von den 3 385 000 Realanlagen entfielen 1 331 000 Mk. auf 900 Besitzungen von Handwerkern, Arbeitern oder Kleinbauern. Unter ihnen befinden sich 179 Darlehen mit über 485 000 Mk. gegen Tilgung. Von den Einlagen waren 946 000 Mk. in Inhaberpapieren und 925 000 Mk. in Darlehen an Gemeinden angelegt. Die Verkehrsverhältnisse des Kreises sind der Förderung des Sparsinnes wenig günstig. Die Kreisstadt ist von den Hauptindustrieorten Radzionkau und Mikultschütz aus schlecht zu erreichen. Zur Hebung des Sparsinnes wurden 1903 in diesen Gemeinden Nebensparkassen mit selbständiger Kontenverwaltung eröffnet. Die Radzionkauer hat es nur auf 138 Bücher mit 27 000 Mk. Einlagen gebracht, da ihr in der dortigen Darlehnskasse ein scharfer Partner erstanden zu sein scheint. Eine bessere Gestaltung weist die Mikultschützer

Filiale auf, die 422 Konten mit 133 000 Mk. zählt. Die Verwaltung erfolgt an beiden Orten durch die Beamten der Gemeindekasse. Die Kommunen sind an den Anstalten nicht beteiligt. Beide Nebenstellen zeigen uns den beachtenswerten aber in der Hauptsache mißglückten Versuch, das Sparkassenwesen durch die Errichtung selbständiger Filialen zu fördern. Er krankt daran, daß die Gemeinden kein oder nur geringes Interesse an ihm nehmen. Er beweist mit dem bei fast allen Kreiskassen gemachten Versuch der Ausdehnung des Geschäftsbetriebes durch die Errichtung von Annahmestellen, daß eine weitere intensive Förderung des Sparkassenwesens im Industriebezirk von den Kreisanstalten **allein** nicht erwartet werden kann.

Es ist kein erfreuliches Bild, das uns ein Überblick über das Sparkassenwesen bietet. 1906 kamen in Preußen auf 100 Einwohner 29 Bücher, im Bezirk Düsseldorf, dem industriereichsten der Monarchie 27, während Oppeln mit 11,9 noch unter Posen und Bromberg (12,6 und 12,8) steht, obwohl die Provinz Posen ungemein unter dem Wettbewerb der polnischen Genossenschaften zu leiden hat. Trennen wir Oppeln in einen Industrie- und Landbezirk, so ist dieses Bild noch trüber. Im Industriebezirk kommen nur 11 Bücher auf 100 Einwohner.

Zu gleichen Schlüssen gelangen wir bei einem Vergleich der Einlagen. Während Düsseldorf 893 Mill. Mk. aufwies, hat Oppeln nur 176 Mill. Mk., von denen nur 64 Mill. Mk. auf den Industriebezirk entfallen. Auf den Kopf der Bevölkerung entfallen an Einlagen im Industriebezirk 80 Mk., Bromberg 99 Mk., Düsseldorf 298 Mk. Auf dem Gebiete des Sparkassenwesens weist der Industriebezirk im Vergleich zu seiner Bevölkerung und seiner Wohlhabenheit einen Tiefstand auf, wie er sich kaum in den wirtschaftlich rückständigsten Teilen der Monarchie vorfindet. Die Gründe liegen zum Teil an der Zinspolitik der Kassen, die sich erst in jüngster Zeit zur täglichen Verzinsung bequemt haben, zum Teil an anderen Dingen, auf die an dieser Stelle nicht eingegangen werden kann. Das Hauptübel liegt indessen an der Organisation. Keine einzige große Landgemeinde hat eine Sparkasse, obwohl sie alle ein nach städtischen Grundsätzen geregeltes Kassenwesen und ein für die Verwaltung der Kasse geeignetes Personal besitzen. Nur eine Gründung ist in nächster Zeit zu erwarten in Roßberg. Die Ursachen für die ängstliche und durch nichts gerechtfertigte Zurückhaltung der Gemeinden auf diesem Gebiete müssen in der Kommunalverfassung gesucht werden. Die Landräte sind die ehrenamtlichen Direktoren der Kassen ihrer Kreise. Wenn die unter ihrer Staatsaufsicht stehenden Gemeinden bisher vor der Errichtung eigener Kassen zurückgeschreckt sind, so ist dies aus Rücksichtnahme auf die Landräte geschehen. Diese Tatsache ist ein sprechender Beweis für die Bedenken, die neuerdings gegen die Personalunion zwischen Aufsichtsbehörde und Kreiskommunalverband erhoben werden. Die Staatsregierung legt aus volkswirtschaftlichen Gründen den größten Wert auf die Ausgestaltung des Sparkassenwesens. Ihre örtlichen Organe befürchten, und zwar völlig mit Unrecht, daß die Errichtung neuer Kassen einen Wettbewerb für die des Kreises bedeutet. Wie wenig diese Auffassung in den Erfahrungen der Praxis ihre Stütze findet, zeigt uns das klassische Beispiel des Regierungsbezirks Düsseldorf, der mit seinen Einlagen alle Landesteile Preußens weit hinter sich läßt. In ihm finden sich neben den Kreissparkassen allenthalben solche der Gemeinden und Bürgermeistereien, ohne daß irgendwie Klagen über Wettbewerb laut geworden wären. Den Kreisen und Gemeinden fließen schon heute aus den Kassen ansehnliche Überschüsse zu. Volkswirtschaftliche wie finanzielle Gründe erfordern gebieterisch die Änderung des heutigen Zustandes im Industriebezirk.

Von allen Gemeindebetrieben ist die Sparkasse der gewinnreichste. Er ist ohne Inanspruchnahme eigener Mittel zu betreiben und am einfachsten zu verwalten. Das Beispiel von Myslowitz und Tarnowitz, die an Seelenzahl unter der zahlreicher Landgemeinden stehen, deutet auf die Erfolge hin, die sich auf diesem Gebiete erzielen lassen: **Die Schaffung eines großen engmaschigen Sparkassennetzes im Industriebezirk**, eine der wichtigsten Aufgaben, an der Staat und Gemeinde in gleicher Weise beteiligt sind, und vor der die Sonderinteressen der Kreise zurücktreten müssen.

6. Kreisbanken.

Auf dem Gebiete des Kreditwesens hat Landrat Gerlach zu Kattowitz eine Einrichtung geschaffen, die wegen ihrer Eigenart und Bedeutung für das Wohnungsproblem in hohem Maße Beachtung verdient.

Die Baubank des Kreises Kattowitz hat die Aufgabe, den Bauherrn die Kapitalien zur Ausführung ihrer Bauten zu leihen. Hierbei soll die Förderung der unsoliden Bauspekulation vermieden werden. Vor Gewährung des Darlehens wird geprüft, ob der Bauherr in schuldenfreiem Besitz des Grundstückes und der für die Fundamentierung erforderlichen Geldmittel ist. Treffen diese Voraussetzungen zu, so werden 60—70 % des Bauwerts als Darlehen gewährt und die Beleihung des Grundstückes in Aussicht gestellt. Die Hypothek wird ratenweise gezahlt. Zur Sicherheit des Darlehens wird der Baubank eine Sicherungshypothek eingetragen. Die Zinsen für die Bauzeit betragen 5—6 %. Den zur Beleihung an erster Stelle sich eignenden Teil übernimmt die Sparkasse.

Abschluß für die Zeit vom 1. April 1907 bis 31. März 1908.

Betriebskapital	1 189 298,55 Mk.

Einnahme.

Zinsen für ausgeliehene Baugelder	89 964,38 Mk.
Gebühren und andere Einnahmen	1 460,40 „
Summa der Einnahmen	91 424,78 Mk.

Ausgabe.

a. Für eingelöste Kupons von 3½%igen Kreisobligationen	43 417,50 Mk.
b. Zinsen für vorübergehend aufgenommene Gelder	25 574,42 „
c. Geschäftsunkosten	1 142,50 „
Summa der Ausgabe	70 134,42 Mk.

Mithin verblieb Ende 1907 ein Überschuß von	21 290,36 Mk.

welcher zum Rückkauf von Kreisobligationen verwendet worden ist.

Von den ausgegebenen Kreisobligationen von	1 250 000,00 „

konnten bis zum Schluß des Jahres 1907 aus den Überschüssen zurückgekauft werden . . . . . . 35 000,00 „

so daß sich am Ende des Rechnungsjahres 1907 noch 1 215 000,00 Mk. im Verkehr befanden.

Die Kattowitzer Kreisbank hat beachtenswerte Erfolge gezeigt. Sie hat den Hausbesitzern einen wohlfeilen Kredit gewährt und dem Kreise bei einer relativ einfachen Verwaltung eine ansehnliche Einnahme geschaffen. Das Problem des Realkredits scheint uns mit dieser Einrichtung nicht gelöst zu sein. Was dem Industriebezirk, in dem bei der Jugend seiner Volkswirtschaft noch viel mit Kredit gearbeitet werden muß, fehlt, ist die Schaffung einer Zentralstelle für zweite Hypotheken. Sodann mangelt es vielfach an geeigneten Stellen zum Abschluß kleinerer Geldgeschäfte zwischen Gemeinde und Hausbesitzer, die sich in neuerer Zeit in Form von Anliegerbeiträgen und Kanalbaukosten in steigendem Umfange entwickeln. Die Gemeinden vermögen aus leicht erklärlichen Gründen keine langfristigen Kredite zu gewähren. Es fragt sich, ob hier nicht nach dem Beispiel anderer Städte durch die Errichtung von Gemeindebanken abgeholfen werden könnte. Die Betriebsmittel könnten durch die Annahme langfristiger Depositen beschafft werden. Da es sich um Kreditgeschäfte zweiter Klasse handelt, so könnten den Deponenten ansehnliche Zinsen gewährt werden. Andererseits ist bei der Sicherheit, die die Gemeinde den Einlegern zu bieten vermag, auf einen

b) Betriebe zur Befriedigung des Kredits. 49

reichlichen Zustrom von Einlagen zu rechnen. Die Bank hätte für die Kommunen den weiteren Vorteil, daß sie für sie Anlegung und Bereitstellung ihrer eigenen Gelder übernehmen könnte. Die Gemeindebank hat vor den Sparkassen das eine voraus, daß sie nicht an die engen Bestimmungen jener gebunden ist. Vor allem könnten die Gewinne der Bank schon wenige Jahre nach Ansammlung einer ausreichenden Rücklage dem Haushalt zugeführt werden, während der Garantieverband bei Sparkassen zumeist erst nach zwei Jahrzehnten in den Genuß von Überschüssen gelangt[1].

7. Leihhäuser.

Während in den Städten die Gründung einer Sparkasse vielfach zu der eines Leihamtes führt, ist man im Industriebezirk andere Wege gegangen. Keine einzige Stadt besaß vor wenigen Jahren ein Pfandhaus, bis Königshütte und Zabrze ihre Zurückhaltung aufgaben. Die Bewegung zieht neuerdings weitere Kreise. Im Laufe dieses Jahres haben Lipine und Zaborze Anstalten eröffnet. Siemianowitz gedenkt zu folgen. Es ist nicht ausgeschlossen, daß andere Gemeinden nachkommen. Die 1906 eröffnete Königshütter Anstalt, deren Betriebskapital die Sparkasse vorstreckt, zeigt eine befriedigende Entwicklung, wenngleich auch ihr trübe Erfahrungen mit der Lombardierung mancher Pfänder in den ersten Jahren nicht erspart geblieben sind. Schwarze Herrenröcke, Bilder und Musikinstrumente werden neuerdings nur in Ausnahmefällen beliehen. Der Haushalt für 1909 rechnet bei 150 000 Mk. an neuen Darlehen mit einem Überschuß von 1600 Mk. Die gleiche Entwicklung hat die Anstalt in Zabrze genommen, die ihre Darlehnszahlung im laufenden Jahre auf 170 000 Mk. schätzt. Das Betriebskapital wird der Kreissparkasse entliehen. Der Haushalt sieht einen Überschuß von 4900 Mk. vor. Die Leihhäuser gehören zu den Betrieben mit vorwiegend sozialem Zweck. Sie verdienen aus diesem Grunde den Vorzug vor Privatanstalten. Den Gemeinden bringen sie selten große Gewinne. Auch sonst haben sie mancherlei Schattenseiten. Viel größer als die Gefahr der Übertaxierung ist die Schwierigkeit einer scharfen Kontrolle. Erfahrungen in anderen Städten lehren uns, daß an der Statistik der Veruntreuungen städtischer Gelder das Personal der Leihhäuser mit einer unerwünscht hohen Ziffer beteiligt ist. Aus diesem Grunde ist eine gute Besoldung und große Vorsicht bei der Auswahl der Angestellten geboten. Uns

---

[1] Über die Frage des Personalkredits auf dem platten Lande vgl. die sehr beachtenswerten Ausführungen von Schwerin aus landrätlicher Praxis, S. 54 ff. Parey, Berlin 1905.

scheint der Weg der richtigere, nur solche Beamte in Leihämter zu versetzen, für die der Übertritt eine Beförderung bedeutet. Das mancherorts beobachtete Verfahren, die Leihhauskarriere als eine Art von totem Gleis zu betrachten, hat sich bitter gerächt.

Königshütte hat den beachtenswerten Versuch unternommen, mit dem Leihhaus eine Sparkassenzweigstelle zu verbinden. Abgesehen davon, daß hierdurch die Anstellung eines besseren Kassenpersonals ermöglicht wird, erscheint uns die Anordnung von hoher erzieherischer Bedeutung. Sie weist die Bevölkerung darauf hin, daß es besser ist, für den Bedarf der Zukunft den Weg der Ansammlung statt den des Kredites zu wählen.

c) Betriebe im Dienste des Verkehrs.
8. Kleinbahnen.

Ein Blick auf die Eisenbahnkarte Preußens zeigt uns im äußersten Südosten der Monarchie ein Bahnnetz von einer Dichtigkeit wie im Ruhrrevier. Die Vollbahnen gehören dem Staate. Daneben betreibt er eine dem lokalen Güterverkehr dienende Schmalspurbahn. Gleichwohl reicht das Staatsbahnnetz bei der Dichtigkeit der Bebauung nicht aus, wenn es auch für den Nahverkehr eine größere Bedeutung als sonst besitzt. Das Kohlenrevier ist das gegebene Gebiet für eine Bahn, die den Verkehr zwischen nahegelegenen Ortschaften vermittelt. Minder günstiger liegen die Bedingungen für eine eigentliche Straßenbahn.

Die Übernahme der Straßenbahnen in das Eigentum der Städte und Kreise ist eine Frage, die erst die neueste Zeit im Sinne des Munizipalsozialismus entschieden hat. Sie stellt uns das jüngste Stadium der Verstadtlichung dar und bedeutet unseres Erachtens auf absehbare Zeit deren Abschluß. Wir zweifeln, ob so bald noch ein weiterer Industriezweig von der Bedeutung der Gas-, Elektrizitätswerke und Bahnen in das Eigentum öffentlicher Körperschaften überführt werden wird. Kommunale Bahnen übertreffen in der Höhe des Kapitals und des Risikos alle übrigen Gemeindebetriebe zusammen. Obwohl wir erst im Anfang dieser Bewegung stehen und nur eine geringe Zahl von Städten zur Verstadtlichung der binnenstädtischen Verkehrsmittel übergegangen ist, übersteigen die Bahnschulden zumeist die aller anderen Betriebe[1]. Das preußische

---

[1] Eine gute Statistik, deren Material leider schon veraltet ist, gibt uns Band 217 der Preußischen Statistik: Die Schulden der preußischen Städte und großen Landgemeinden. Kölns Eisenbahnschuld betrug 1906 28 000 000 Mk. (heute ist sie wesentlich höher), die Schulden der anderen Betriebe nur 25 000 000 Mk. Hierzu

c) Betriebe im Dienste des Verkehrs.

Kleinbahngesetz bewegt sich mit dem Vollbahngesetz von 1838 in den Anschauungen des älteren Liberalismus. Beide überlassen den Bau von Bahnen dem freien Spiel der Kräfte, sobald gewissen aus Gründen des öffentlichen Wohles den Unternehmer belastenden Garantien genügt ist. Das Kleinbahngesetz muß in seiner heutigen Form als ein Gegner des Munizipalsozialismus betrachtet werden, obwohl es einer Zeit entstammt, wo allenthalben in den deutschen Städten mit den Bahnen die übelsten Erfahrungen gemacht worden waren und in jeder Stadt zahlreiche Prozesse die „guten" Beziehungen zwischen Stadt und Pferdebahnunternehmer in sprechender Weise zum Ausdruck brachten. Es kann deshalb nicht wundernehmen, daß zu einer Zeit, wo die kommunalen Verhältnisse Oberschlesiens und selbst die der Städte nicht in dem heutigen Maße gefestigt waren, es wiederum das Privatkapital war, das sich die Schaffung eines der größten Betriebe auf kommunalem Gebiete zur Aufgabe stellte.

Bisher ist nur eine einzige Gemeindeverwaltung an die Lösung des Verkehrsproblems in eigener Regie herangetreten. Die Stadt Beuthen ist im Begriff, eine Linie nach dem Vororte Miechowitz (4 km) zu bauen. Die Errichtung weiterer Linien ist beabsichtigt.

Während sonst das Privatkapital mit Licht- und Kraftversorgung glänzende Gewinne erzielt hat, gibt uns die Rentabilität der Straßenbahn ein anderes Bild. Bevor wir uns dieser Frage zuwenden, ist ein kurzes Eingehen auf die Entstehung der

Schlesischen Kleinbahnaktiengesellschaft

geboten. Ihr seit Mitte der 90er Jahre erbautes Netz erstreckt sich von Gleiwitz bis Myslowitz im Osten und Westen und bis Deutsch-Piekar 4 km von Beuthen im Norden. Sein Mittelpunkt ist Königshütte, von wo aus zahlreiche Linien nach allen größeren Ortschaften des Bezirkes abzweigen. Fast alle wichtigeren Punkte haben Bahnanschluß. Außerdem betreibt die Gesellschaft eine durch rein ländliche Bezirke führende Kleinbahn von Gleiwitz nach Ratibor. Güterverkehr ist dem Unternehmen nicht gestattet. Die Konzession ist auf die Dauer von 99 Jahren erteilt. Die Schlesische Kleinbahngesellschaft hat ihren Sitz in Kattowitz. Sie ist eine Gründung der Allgemeinen Deutschen Kleinbahngesellschaft, die auch den größten Teil der Aktien in Händen hat. Diese hat ihren Besitz vor einigen Tagen an die Allgemeine Elektrizitätsgesellschaft in Berlin verkauft, so daß Elektrizität und Bahnen in ein Stadium der Vertrustung getreten

---

kommt die von der Stadt zu gering angegebene Hafenschuld mit insgesamt 18 000 000 Mk.

sind, dessen Folgen für die Gemeinden sich nicht absehen lassen. Das Aktienkapital der Gesellschaft beträgt heute 10 000 000 Mk., nachdem es im Jahre 1903 durch Zusammenlegung von Aktien bereits um 6 000 000 Mk. ermäßigt worden ist. Das Unternehmen ist mit zwei Obligationsanleihen über 6 000 000 Mk. und 6 900 000 Mk. belastet, die 4½% Zinsen erfordern. Die Gesellschaft besitzt seltsamer Weise keine eigenen Linien, sondern sämtliche Geschäftsanteile der Oberschlesischen Dampfstraßenbahngesellschaft m. b. H. im Nennwerte von 4 000 000 Mk. sowie eine Forderung an die genannte Gesellschaft im Betrage von 14 762 545 Mk.! Die Geschäftsanteile und die Forderung hat die Unternehmerin von der Allgemeinen Deutschen Kleinbahngesellschaft erworben. Über den Betrieb sämtlicher Linien der Dampfbahn waren Verträge abgeschlossen, laut denen die Deutsche Kleinbahnbetriebsgesellschaft Kramer & Co. in Berlin den Betrieb gegen eine nach Prozenten des jeweiligen Anlageaufwandes berechnete Pachtabgabe übernommen hatte. Die Gesellschaft besitzt ferner sämtliche aus dem Erlös einer Anleihe angekauften 4 500 000 Mk. Aktien der Oberschlesischen Kleinbahnen und Elektrizitätswerke in Kattowitz, von denen 4 000 000 Mk. voll und 500 000 Mk. zu ein Viertel eingezahlt sind. Außerdem hat die Gesellschaft an sie eine Forderung von 973 272 Mk. Sie hat die Aktien seit 1900 im Besitz. Da die Unternehmer auch alle Geschäftsanteile der Oberschlesischen Dampfbahnengesellschaft m. b. H. besitzt, so haben wir es mit einem Konzern zu tun, der über das gesamte Kleinbahnnetz des Industriebezirks verfügt. Es beträgt 122 km. Hierzu tritt die mit Dampf betriebene Kleinbahn Gleiwitz-Ratibor mit 47 km, die 1902 eröffnet wurde.

Während sonach die wirtschaftlichen Verhältnisse des Unternehmens durch die Verquickung mit Tochtergesellschaften wenig durchsichtig sind, ergeben uns die Geschäftsergebnisse über eines einen klaren Aufschluß, daß das gewaltige Unternehmen seit Jahren nahezu ertraglos ist. Die Ursache dürfte daran liegen, daß bei dem Bau eine Reihe von Mißgriffen vorkamen. Man darf fast sagen, daß die Bahn zweimal gebaut worden ist. Auch in seinem heutigen Zustande genügt das Unternehmen eher allen Anforderungen wie denen, die an ein großstädtisches Verkehrsmittel gestellt werden müssen. Die Spur ist zu schmal. Die Wagen sind in hohem Maße der Abnutzung unterworfen. Will die Gesellschaft befriedigende Zustände schaffen, so wird sie Unterbau und Wagenpark einer völligen Erneuerung unterziehen müssen. An Dividenden wurden gezahlt 1899 5%, 1900—1901 5½%, 1902—1908 0, 0, 0, ½, 1, 1, 1%. Rechnet man Kapital und Obligationen zusammen, so ergibt sich eine Durchschnittsrente von 3%, ein noch immer recht niedriger Betrag, wenn man berücksichtigt, daß bei dem regen Verkehr

c) Betriebe im Dienste des Verkehrs. 53

Bilanz ultimo 1908.

Aktiva:	Mt.	Passiva:	Mt.
Kassa	26 474	Aktienkapital	10 000 000
Geschäftsanteile der Oberschlesischen Dampfstraßenbahn	4 000 000	Obligationen	12 828 000
Forderung an diese	15 315 559	Reservefonds (Rücklage 7097 Mt.)	53 097
Aktien der Oberschlesischen Kleinbahn und Elektrizitätswerke	4 125 000	Reserven für Wegeunterhaltung	110 000
Forderung an diese	1 190 167	Dispositionsfonds	610 568
Betriebsmaterial und Werkzeug	216 148	Bankenschuld	818 302
Oberbau- und Oberleitungsmaterial	130 015	Obligationenzinsen	216 939
Uniformkonto	17 478	Obligationeneinlösungskonto	16 500
Ausrüstung des Fahrpersonals	3 117	Kautionen	190
Bureauinventar	1 279	Kreditoren	419 982
Fuhrpark	4 770	Zum Spezialreservefonds der Nebengesellschaften	709
Debitoren	181 256	Vertragsmäßiger Gewinnanteil	2 000
		Zum Erneuerungsfonds	35 000
		Diverses	100 000
		Diverse Rückstände	225
		Vortrag	753
		S. b.	25 211 267
	25 211 267		

Gewinn 1908.

	Mt.		Mt.
Vortrag	3 612	Ab Betriebsausgaben der elektrischen Linien Gleiwitz	1 755 108
Betriebseinnahmen der elektrischen Linien Gleiwitz	2 569 200	" " " Rauden—Ratibor	151 396
" " " Rauden—Ratibor	187 559	" Zinsen	608 965
		" Rücklagen für den Erneuerungsfonds	99 343
Zusammen	2 760 372	Bleibt Reingewinn	145 560

und der dichten Bevölkerung die Vorbedingungen für einen gewinnbringenden Betrieb gegeben sind. Die Notierung der Aktien findet seit 1904 nicht mehr statt.

d) Betriebe im Dienste der Gesundheitspflege.
9. Schlachthöfe.

Trotz des großen Fleischverbrauches haben sich die Schlachthöfe nicht in dem anzunehmenden Umfange entwickelt. Die Mehrzahl von ihnen ist jüngeren Datums. Der Beuthener besteht erst 20 Jahre. Kattowitz ist 1892 gefolgt, Gleiwitz und Königshütte 1901. Die Tarnowitzer Anstalt wurde 1896 erbaut. Nur zwei Landgemeinden sind zur Errichtung einer eigenen Anstalt übergegangen, Zabrze und Zaborze, die sich 1896 zur Gründung eines Schlachthofverbandes zusammengetan haben. Den Gemeinden gestattet das Kommunalabgabengesetz bis zu 8 % des Anlagekapitals als Gewinn herauszuwirtschaften. Im Westen hat die Bestimmung dazu geführt, daß zahlreiche größere Landgemeinden und Kleinstädte ausnahmslos aber alle Mittelstädte zur Errichtung eigener Schlachthöfe übergegangen sind. Wenn die großen oberschlesischen Landgemeinden diesem Beispiel nicht gefolgt sind, so müssen gewichtige Gründe hierfür den Ausschlag gegeben haben. Zunächst die Sorge um mangelnde Rentabilität. Wer die Betriebsergebnisse der heutigen Schlachthöfe nachprüft, wird in dieser Hinsicht nicht zuviel Zuversichtliches zu berichten haben. Die Gründung moderner Schlachthöfe erfordert große Kapitalien. Bei der Eigenart der hiesigen Verhältnisse ist der Anschluß an die Staatsbahn Vorbedingung. Daneben ist die Furcht vor dem Wettbewerb der Schlachthöfe und Märkte in den Nachbarorten nicht unbegründet, vor allem vor den großen Anstalten, die ihren Wirkungskreis weit über den Rahmen ihrer Stadt erstrecken. Hierzu tritt die Eigenart des Fleischergewerbes. Die Abneigung gegen feste Verkaufsstätten, die Vorliebe des Volkes für den Einkauf des Fleisches auf offenem Markte. Ein Ortsmonopol des eigenen Schlachthofes besitzen daher die Gemeinden nur in begrenztem Umfange. Das größte Hindernis für die Errichtung neuer Schlachthallen hat das Fleischbeschaugesetz geschaffen, das die Freizügigkeit des tierärztlich untersuchten Fleisches verkündet. Beständen diese Bestimmung nicht, ohne die in früheren Jahren die Kleinstädte ihre Anlage gewinnbringend machen konnten, so würde die Errichtung neuer Schlachthallen ein schnelleres Tempo eingeschlagen haben. Abgesehen von den höheren Gebühren ist es vor allem die schärfere Kontrolle, die die Fleischer dazu veranlaßt, die öffent-

d) Betriebe im Dienste der Gesundheitspflege. 55

lichen Anstalten zu meiden. Von der Heftigkeit, mit der auf diesem Gebiete von den Fleischern gegen die Direktionen gekämpft wird, geben uns die Königshütter Vorgänge ein anschauliches Bild.

Von den Anlagen bringen es Gleiwitz und Königshütte nur zur Verzinsung und Tilgung ihres Anlagekapitals, wobei zu berücksichtigen ist, daß Königshütte seine Anleihe mit viel zu geringen Sätzen abträgt. Besser steht es um den Kattowitzer Schlachthof, der eine starke Tilgung aufweist und im Grunde genommen einen Überschuß von 15 000 Mk. abwirft. Zufriedenstellend ist die Rentabilität der Tarnowitzer Anstalt, deren Überschuß auf etwa 10 000 Mk. angenommen werden kann. Günstige Verhältnisse finden sich nur bei Beuthen und Myslowitz. Bei diesem liegt der hohe Ertrag an der Nähe der Grenze. Der Überschuß kann bei normaler Tilgung auf 15 000 Mk. angenommen werden. Ähnlich liegen die Dinge bei Beuthen, dessen Überschuß ohne den des Viehhofes (12 000 Mk.) auf etwa 30 000 Mk. zu schätzen ist. Myslowitz und Beuthen nähern sich sichtlich der gestatteten Höchstgrenze. Die übrigen Städte sind hiervon noch weit entfernt. Die Schlachtgebühren für Großvieh können für deutsche Verhältnisse als mäßig bezeichnet werden. Das Gleiche gilt von den Sätzen für Kälber, während die Preise für Schweine an den Durchschnitt heranreichen oder ihn überholen. Die Errichtung weiterer Schlachthöfe in Landgemeinden hat zurzeit in Bismarckhütte und Schwientochlowitz greifbare Formen angenommen. Sollte dieses Projekt ausgeführt werden, so dürfte in ihm dem Königshütter Schlachthof ein empfindlicher Wettbewerb erwachsen und dessen Mindestertrag (Verzinsung und Tilgung der Schulden) in Frage stellen. Abgesehen vom finanziellen Risiko erscheint uns die Form des Zweckverbandes auch aus betriebstechnischen Gründen vor der Errichtung von Einzelschlachthöfen den Vorzug zu verdienen. Bei größeren Anlagen ist die Gewinnung eines Direktors im Hauptamt möglich. Auch kann mit ihnen leichter ein Viehmarkt verbunden werden. Für die Errichtung neuer Schlachthöfe kämen in erster Linie Siemianowitz-Laurahütte in Frage. Ob sich die Vorortgemeinden der Städte in absehbarer Zeit zum Bau eigener Betriebe entschließen werden, ist heute noch nicht abzusehen. Soll die Errichtung von Schlachthöfen in allen großen Landgemeinden zur Tat werden, so muß zunächst das Fleischbeschaugesetz geändert werden. Gerade in Oberschlesien, wo so vieles minderwertige Vieh eingeführt wird, muß auf eine vollkommene Fleischversorgung Wert gelegt werden. Eine solche kann heute nur der Schlachthauszwang sicherstellen.

III. Das System des Munizipalsozialismus.

Schlachtungen.

	Rinder 1907	Kälber 1907	Schafe 1907	Schweine 1907
Beuthen	7914	4283	4379	39 690
Gleiwitz	6032	7934	591	24 717
Königshütte	6756	3733	151	34 191
Kattowitz	8994	5223	698	30 591
Myslowitz	2274	1014	7	11 885
Tarnowitz	1685	991	191	10 063
Zabrze	—	—	—	—

Schlachtgebühr 1908.

	Ochsen Mk.	Kühe Mk.	Kälber Mk.	Schweine Mk.
Beuthen	3,—	3,—	0,56	3,—
Gleiwitz	—	—	—	—
Königshütte	3,40	3,40	0,60	2—3,—
Kattowitz	4,—	4,—	0,90	3—3,50
Myslowitz	4,—	2,—	0,75	{2,50* / 3,35**
Tarnowitz	4,25	3,—	0,90	4,—
Zabrze	—	—	—	—

* deutsche. ** russische.

Überschüsse der Schlachthöfe 1909.

	Zinsen der Schuld Mk.	Tilgung Mk.	Gemäß C.A.G. § 11 Mk.	Viehhof Mk.	Extraordinarium Mk.
Beuthen	28 093	19 000	19 500	12 000	19 500
Gleiwitz	20 379	14 273	—	—	6 000
Kattowitz	18 316	17 610	4 000	—	6 000
Königshütte	46 702	14 700*	—	—	10 000
Zabrze	32 416	7 317*	—	—	16 000
Myslowitz	7 935	{6 482 / 3 000}	11 900	—	—
Tarnowitz	12 159	11 100	3 800	—	—

* Geringe Tilgung.

10. Kanäle, Müllverbrennung.

Von den Problemen, die die Anhäufung einer zahlreichen Bevölkerung auf einem eng begrenzten Raume zeitigt, ist eine den Anforderungen moderner Hygiene genügende Beseitigung der Abwässer eines der wichtigsten. Seine

Lösung gestaltet sich in solchen Gegenden, denen die Selbstreinigung großer Wasserläufe mangelt, um so schwieriger. Die Verhandlungen über die Städtereinigung des Bezirkes sind das getreue Spiegelbild der großen oft kaum lösbaren Schwierigkeiten, mit denen die Gemeinden auf diesem Gebiete zu kämpfen haben. Überall jahrelang sich hinziehende Verhandlungen zwischen Aufsichtsbehörde und den städtischen Kollegien. Eingehende Untersuchungen, Aufstellung von Projekten, für deren Ausarbeitung allein Tausende bewilligt werden müssen. Zu den örtlichen Schwierigkeiten treten finanzielle. Die Beschaffung der Baukosten, die Eingliederung der Anlagen in den Haushalt. Trotzdem läßt sich im ganzen Bezirk ein energisches Vorgehen von Staat und Gemeinde verfolgen. Eine Anzahl von Anlagen ist fertiggestellt, eine Reihe von ihnen im Bau, zahlreiche im Stadium des Spezial= oder Generalprojektes.

In der Anstalt des Zweckverbandes Beuthen=Roßberg tritt uns die größte und technisch vollendetste Anlage entgegen. Die Verbandsbildung war in diesem Falle notwendig, da Roßberg die natürlichen Verhältnisse die Errichtung einer eigenen Anlage nicht gestatteten, während anderseits Beuthen die Herstellung seines Netzes ohne die Benutzung Roßberger Gebietes nicht ohne Schwierigkeit hätte vornehmen können. Die Anlage baut sich auf dem Trennsystem auf. Die Tagewässer fließen in das Beuthener Wasser, während die Schmutzwässer und Fäkalien der Kläranstalt zugeführt werden. Nach Ausscheidung der festen Stoffe auf mechanischem Wege wird die Kanaljauche durch Kohlentropfkörper geleitet. Die Erfolge sind gut. Mit der Kläranstalt ist eine Müllverbrennungsanlage verbunden. Sie wird zurzeit nur von Beuthen benutzt. Das von einer Genossenschaft der Grundbesitzer in vorgeschriebenen Gefäßen abgeholte Müll wird in mehreren Öfen verbrannt. Eine Ausnutzung der hierbei gewonnenen Wärme findet nicht statt. Die Einrichtung hat zufriedenstellende Resultate ergeben. Das Müll wird durch die Verbrennung auf einen geringen Teil seines früheren Umfanges reduziert. Ein Teil der Asche findet als Kohlentropfkörper Verwendung. Die Kosten der Anlage, die insgesamt 2 650 000 Mk. erfordert hat, sind von den Verbandsmitgliedern in der Weise aufgebracht worden, daß die der Kläranlage (990 000 Mk.), der gemeinsamen Kanäle (519 000 Mk.) und der allgemeinen Baukosten (110 000 Mk.) nach dem Verhältnis der Einwohnerzahl gedeckt wurden. Für die nicht gemeinschaftlichen Kanäle hat jede Gemeinde selbst aufkommen müssen. Insgesamt belaufen sich die Kosten der Anlage ohne Bauzinsen für Beuthen auf 1 938 000 Mk., für Roßberg auf 665 000 Mk. Die einschließlich der Müllverbrennung 70 000 Mk. betragenden Betriebskosten werden nach dem Verhältnis der Einwohnerzahl umgelegt. Nach Abzug der Einnahmen hat Beuthen 43000 Mk., Roßberg 17000 Mk. aufzubringen. Die Gemeinden erheben zur Deckung ihrer Aufwendungen eine Gebühr. Sie beträgt in Beuthen 33$^1/_3$% der Gebäudesteuer, in Roßberg 1% des Nutzungswertes. Sie wird von den Hausbesitzern getragen. Eine zweite Gebühr haben die Mieter zu entrichten. Sie müssen für die beiden ersten heizbaren Räume je 2,50 Mk., für jeden weiteren 4 Mk. beitragen. Die Gebühr ergab 1909 in Beuthen 116000 Mk., in Roßberg 26500 Mk. Sie reicht trotz ihrer ganz ungewöhnlichen Höhe (100% der Gebäudesteuer) zur Deckung der Kosten nicht aus. In Beuthen werden aus Überschüssen der Wasserwerks- und Schlachthofkasse 32000 Mk. zur Deckung des Defizits aufgebracht, so daß der Kämmereikasse noch 10000 Mk. ungedeckt verbleiben. Ungleich größere Schwierigkeiten hat die Entwässerung Roßbergs in finanzieller Hinsicht bereitet, bei dem die Gebühr wegen einer zahlreichen Arbeiterbevölkerung und eines geringeren Nutzungswertes zur Deckung nicht ausreicht. Sie drückt die Bevölkerung, während die Hausbesitzer, die meist auf schwachen Füßen stehen, durch die Kosten der Hausanschlüsse in schwere Verlegenheiten gebracht worden sind. Wenn dem gegenüber neuerdings von anderer Seite die Auffassung vertreten wird, daß die Gebühr mit einem monatlichen Mietaufschlag von 1 Mk. gedeckt werden könne[1], so dürften die Verhältnisse in Roßberg ein wesentlich anderes Ergebnis liefern. Nach dem Etat für 1909 erfordern in Roßberg

Zinsen und Tilgung der Kanalanleihen	45000 Mk.
die Betriebskosten	17000 „
die Kosten der Gebührenerhebung und sonstige Verwaltungskosten	2000 „
so daß sich die Bruttokosten auf	64000 Mk.
belaufen, das sind 3,20 Mk. pro Kopf Bevölkerung.	
An Gebühr gehen ein	26500 „
so daß ein ungedecktes Defizit von	38500 Mk.

verbleibt. Die Gebühr deckt sonach nur 40% der Kosten. Pro Arbeiterwohnung müßte sonach bei voller Gebührendeckung 12 Mk. an Kanalgebühr erhoben werden[2]. Finanztechnisch ist dies unmöglich. Es muß daher das Defizit aus den Steuern gedeckt werden. Es macht 19% des umlagefähigen Steuersolls aus. Da die Großindustrie zwei Drittel der öffentlichen Abgaben aufbringt, so fallen die Kosten der Entwässerung zum großen Teile ihr zur Last. Die Kanalschuld der Gemeinde beträgt 55% ihrer Gesamtschuld.

---
[1] „Schlesische Zeitung" vom 2. Dezember 1909.
[2] Hierzu kommen die dem Hausbesitzer erwachsenen sehr hohen Anschlußkosten.

d) Betriebe im Dienste der Gesundheitspflege.

Eine andere Anlage ist vor wenigen Jahren von Laurahütte und Siemianowitz erbaut worden, die für sie gleichfalls die Form des Zweckverbandes gewählt haben. Sie hat die Gemeinden mit zurzeit 36 000 Einwohnern 1 000 000 Mk. gekostet. Sie erfordert alljährlich 67 000 Mk., von denen 32 000 Mk. auf Laurahütte, der Rest auf die Nachbargemeinde entfällt. Die Frage der Kostendeckung ist hier in anderer Weise gelöst worden. Man ist von dem Grundsatz ausgegangen, daß die Anlegung der Wasserleitung die Hauptursache für den Ausbau der Kanäle sei. Man hat aus diesem Grunde den Wasserzins in beiden Ortschaften auf den für Landgemeinden ganz ungewöhnlichen Betrag von 25 Pf. pro Kubikmeter gesteigert. Die Einnahme an Wasserzins beträgt in Siemianowitz 60 000 Mk., in Laurahütte 69 000 Mk. Man wird von ihr etwa die Hälfte als Kanalgebühr ansehen müssen. Eine weitere moderne Anlage hat Zalenze hergestellt. Die finanzielle Regelung ist zurzeit noch nicht erfolgt. Von den übrigen Gemeinden und Städten hat keine einzige eine allen Anforderungen genügende Entwässerung. Die Kattowitzer, die nur 600 000 Mk. erfordert hat, scheint an erheblichen Mängeln zu leiden. Man sagt ihr nach, daß sie noch heute die ungereinigte Kanaljauche in stetigem Strom der Rava zuschwemme[1]. Ursprünglich hatte der Magistrat eine Klärung auf Rieselfeldern bei Panewnik beabsichtigt. Die Kosten werden durch Gebühren gedeckt, die 47 000 Mk. ergeben. Ihre Unterverteilung auf die Hausbesitzer erfolgt nach dem Verhältnis der Gebäudesteuer und Straßenfront. Ähnliche Verhältnisse bestehen in Zawodzie. Auch hier werden die Kosten durch eine Gebühr aufgebracht.

In einer Reihe von Gemeinden sind die Anlagen im Bau oder im letzten Stadium der Projektierung. Die Kanalisierung Hohenlindes geht dem Abschluß entgegen. In Zabrze ist das Projekt fertiggestellt. Bei ihm findet man die sonst nur bei Meerpoldern übliche Hebung der Schmutzwässer durch Pumpstationen. Die Baukosten stellen sich auf 2 390 000 Mk., die Betriebskosten, die unseres Erachtens zu gering veranschlagt sind, auf 29 000 Mk., während Verzinsung und Tilgung 143 000 Mk. erfordern. Die zeitigen Bruttokosten stellen sich sonach auf 2,83 Mk. pro Kopf. Weitere Projekte schweben in Myslowitz, Gleiwitz und Biskupitz. Königshütte leitet die Fäkalien in Gruben. In zahlreichen anderen Gemeinden wie in Tarnowitz hat man die Lösung einer späteren Zeit vorbehalten.

Daß das in vielen Gemeinden bestehende Entwässerungssystem zu großen Mißständen führt, haben die Verhandlungen über die Regulierung der

---

[1] Schlesische Zeitung vom 21. November 1909.

Rava, eines Baches, der in der Richtung Königshütte, Kattowitz zur Grenze führt, untrüglich dargetan. Eine durchgreifende Besserung dürfte bei Bismarckhütte und Schwientochlowitz ein wesentliches Hemmnis in der Finanzlage finden.

Von allen auf dem Gebiete des Bauwesens an die Gemeinden herantretenden Anforderungen ist die Beseitigung der Abwässer eine der technisch wie finanziell schwierigsten. Man kann die Gemeinden, die sich mit diesen Problemen auch schon finanziell abgefunden haben, nur glücklich preisen. Bei zahlreichen anderen, die schon heute an die Grenze ihrer Leistungsfähigkeit gelangt sind, wird die Durchführung der Entwässerung an dem Mangel an Mitteln scheitern. Die Kosten der Ravabachregulierung werden unseres Erachtens nur durch einen Verband aufgebracht werden können, der aus den Gemeinden, den beteiligten Gutsbezirken und eventuell den Nachbarhütten zu bilden wäre. Es empfiehlt sich, wenigstens einen Teil der Kosten nach dem Verhältnis der Steuerkraft umzulegen. Daß die Kanalisierung auch für alle Industriegemeinden kommen muß, kann heute als ausgemacht gelten. Auch die Höhe der Kosten steht nach ähnlichen Vorgängen in etwa fest. Es ist sonach der Fall gegeben, wo in absehbarer Zeit eine erhebliche Aufwendung an die Gemeinden herantreten wird, deren Höhe sich bereits heute in annäherndem Umfange erkennen läßt. Es fragt sich, wie durch heutige Maßnahmen die Durchführung dieser bedeutsamen Aufgabe vorzubereiten ist. Die Antwort kann nicht schwer sein. Es ist der Weg der Fondsbildung. Bei einer Gemeinde von 10 000 Einwohnern werden sich die Kosten der Entwässerung voraussichtlich auf etwa 400 000 Mk. stellen. Im Augenblicke der Fertigstellung wird sonach die Gemeinde mit 24 000 Mk. für Schulden und Tilgung und mit etwa 10 000 Mk. für Betrieb belastet werden. Würde man schon jetzt alljährlich 2 % der Anlagekosten aufspeichern, so würden in 10 Jahren etwa 100 000 Mk. angesammelt sein. Würde um diese Zeit die Entwässerung durchgeführt, so würden ihre Kosten vermindert werden, a) um Zinsen und Tilgung der Aufspeicherung 100 000 Mk. zu 6 % = 6000 Mk., b) um die jährliche Rücklage von 8000 Mk. = 14 000 Mk. An Stelle der Mehrbelastung von 34 000 Mk. würde eine solche von 34 000 — 14 000 = 20 000 Mk. treten. Da ein immerhin ansehnlicher Teil durch Gebühren gedeckt werden kann, so würde die Durchführung in 10 Jahren der Gemeinde keine oder nur geringe Schwierigkeiten bereiten. Wir können den Gemeinden an der Hand der traurigen Erfahrungen, die Roßberg in finanzieller Hinsicht mit seiner Entwässerung gemacht hat, nur raten, sich nach unseren Vorschlägen einzurichten.

e) Betriebe im Dienste der Polizei und der öffentlichen Sicherheit.

11. Kommunale Wach- und Schließanstalten.

Welch seltsame Wege die Betätigung der Gemeinden auf privatwirtschaftlichem Gebiete einschlägt, zeigt uns die kommunale Wach- und Schließgesellschaft oder besser -Anstalt, zu deren Gründung die Gemeinde Bismarckhütte übergegangen ist. Einer Denkschrift des Gemeindevorstehers Fuhrmann entnehmen wir folgendes:

„Die zurzeit 22000 Seelen zählende Industriegemeinde hat für den Nachtdienst einen Oberwächter und neun Wächter angestellt. Ersterer erhält 75 Mk., letztere je 60 Mk. Monatslohn. Die Gesamtkosten stellen sich auf 8600 Mk. jährlich. Von ihnen fallen der Gemeinde 5000 Mk. zur Last, während der Rest von 3600 Mk. von den Hausbesitzern und Gewerbetreibenden aufgebracht wird, die an die von der Gemeinde geschaffene Wachkontrolle angeschlossen sind. Diese ist an die Stelle der privaten Wach- und Schließgesellschaft getreten, die nach kurzer Tätigkeit, während der sie ihre geringe Eignung zur Genüge dargetan hatte, ihre Wirksamkeit eingestellt hat. Bei den geringen Beiträgen (2 Mk. monatlich für jede erste, 50 Pf. für jede weitere Haustür) haben sich zahlreiche Interessenten der Gemeindewachkontrolle angeschlossen. Die Wächter sind gehalten die Haustüren und Fenster der Abonnenten zu kontrollieren und eventuell für deren Schließung Sorge zu tragen. Die Mehreinnahme hat es ermöglicht, die Zahl der Wächter zu vermehren und ihre Besoldung aufzubessern."

Die Einrichtung hat sich bewährt.

12. Polizeibauämter.

Als Polizeibetriebe sind auch diejenigen Kreisbauämter zu betrachten, deren Aufgabe in der technischen Prüfung der Baugesuche der Ortspolizeibehörden besteht. Im Landkreis Beuthen ist diese Einrichtung am folgerichtigsten durchgeführt. Die Polizeibehörden haben 70 % der Baupolizeigebühren an den Kreis zu entrichten. Sie sind andererseits verpflichtet, alle technischen Angelegenheiten der Baupolizei durch das Amt bearbeiten zu lassen. Vom Standpunkt der Selbstverwaltung ist diese Einrichtung doch noch nicht ohne Bedenken, da sie Geschäfte der Ortspolizei tatsächlich in die obere Instanz verlegt. Eine ähnliche Organisation der Baupolizei, indessen mit nur fakultativem Anschluß, findet sich auch bei Tarnowitz. Derartige Betriebsverwaltungen sind für kleine Verhältnisse nicht unzweckmäßig. Sie sind indessen überall da entbehrlich, wo die Polizeibehörden über eigene ausreichend geschulte Sachverständige verfügen.

Einen mit dieser Einrichtung verwandten Charakter besitzen die Kreisvermessungsämter, deren jüngst eines in Tarnowitz errichtet worden ist. Die Schaffung eines Amtes für den Kreis Beuthen wurde im vergangenen Jahre abgelehnt. Wenn auch die Nützlichkeit einer solchen Anstalt nicht verkannt wurde, so überwogen gleichwohl bei den großen Landgemeinden die Bedenken, daß die Errichtung derartiger Betriebe eine Schwächung der Selbstverwaltung und eine vom Gesetzgeber nicht gewollte Stärkung der Aufsichtsbehörde bedeute. Immerhin glauben wir, daß es im Laufe der Zeit zur Errichtung derartiger und ähnlicher Anstalten in einzelnen Teilen der Kreise im Wege der Verbandsbildung, kommen wird. Es dürften sich im Laufe der Jahre aus zahlreichen Zweckverbänden Kommunalverbände bilden[1], wie sich ein solcher bereits zwischen Gut und Gemeinde Ruda vorfindet. In diesem Falle werden seine Geschäfte seltsamerweise von der Gutsherrschaft verwaltet, die auch den Vorsitzenden stellt!!

f) Betriebe zur Förderung der Landwirtschaft.
13. Betriebe zur Hebung der Viehzucht.

Die Stadt- und Industriekreise weisen keinen einzigen landwirtschaftlichen Betrieb auf. Eine Ausnahme macht Tarnowitz, bei dem die Verhältnisse hierfür günstiger als in dem eigentlichen Industriezentrum liegen. Der wirtschaftlich eigenartigste von ihnen dürfte die Kreisziegenfarm sein, die der Initiative des damaligen Landrats von Schwerin ihre Entstehung verdankt. Als Gemeindebetrieb dürfte sie den Anstalten zur Versorgung der Bevölkerung mit Nahrungsmitteln, die im besonderen Grade einer Verfälschung ausgesetzt sind, näher stehen als den rein landwirtschaftlichen Betrieben. Die Farm befindet sich auf einem vom Kreise angekauften acht Morgen großen Grundstück bei Tarnowitz. Unter der Aufsicht des Kreisausschusses untersteht sie der Leitung eines Ziegenmeisters. Sie hat einen durchschnittlichen Bestand von 35 Böcken und 55 Ziegen. 1908 traten 40 Böcke hinzu, von denen 25 in der Anstalt geboren worden waren. Fünf ältere gingen ein. Der Verlust an jüngeren, teils wegen Zuchtfehler, getöteten jüngeren Lämmern, belief sich auf 19. Sieben Stück wurden als Zuchtböcke verkauft. Der Abgang an älteren, nicht mehr geeigneten Böcken

---

[1] Siemianowitz-Laurahütte, Bismarckhütte-Schwientochlowitz.

betrug zwölf. Von 22 Stationsböcken wurden 1737 Ziegen gedeckt. Der Staat und die Landwirtschaftskammer gewähren Zuschüsse. Der Rest (1600 Mk.) wird aus Mitteln des Kreises bestritten, soweit er nicht in eigenen Wirtschaftseinnahmen seine Deckung findet. Das Vorgehen des Landrats von Schwerin ist nicht ohne Einfluß auf die Hebung der Ziegenzucht gewesen. In den meisten großen Landgemeinden gewähren die Gemeinden Zuschüsse zur Haltung von Ziegenböcken oder halten solche in eigener Regie.

Seit 1908 ist mit der Farm eine **Geflügelzuchtstation** verbunden. Die Eier werden als Bruteier den Kreisinsassen gegen andere eingetauscht.

Eine andere Maßnahme auf dem Gebiete der Viehzucht ist auf gesetzgeberische Maßnahmen zurückzuführen. Die preußische Gesetzgebung verpflichtet die Gemeinden zur **Haltung von Bullen**, sofern die Zahl der privaten in einem Mißverhältnis zu den deckfähigen Rindern steht. Zumeist pflegen sich die Gemeinden mit dieser Verpflichtung dahin abzufinden, daß sie einem Viehbesitzer Zuschüsse unter der Bedingung leisten, daß er einen oder mehrere Bullen hält und den Gemeindeinsassen die Deckung ihrer Rinder gegen Erlegung einer Gebühr gestattet. Im Industriebezirk erreichen diese Leistungen keinen nennenswerten Umfang. Sie schwanken zwischen 100—300 Mk. Die Verhältnisse nötigen hier manchmal zu Verbandsbildungen, deren eigenartigste uns wohl in dem Bullenverbande entgegentritt, der sich über Lipine, Chropaczow, Hohenlinde, Schwientochlowitz und Bismarckhütte, ein Gebiet von 80 000 Einwohnern erstreckt und das Dasein eines dieser für die vaterländische Viehzucht so wichtigen Lebewesen sicherstellt.

14. Kreisbaumschule.

Ein anderer vom Kreise Tarnowitz unterhaltener Gemeindebetrieb ist die 1905 errichtete acht Morgen umfassende Kreisbaumschule, die in erster Linie zur Deckung des Bedarfes für Kreis- und Gemeindestraßen dient, sodann den Landwirten die Anschaffung guter wohlfeiler Obstbäume zu erleichtern sucht. Sie besitzt 33 000 Baumpflanzen. Bei der Kürze ihres Bestehens konnte sie bisher nur eine geringe Zahl von Stecklingen abgeben, die sich 1908 auf 330 Kirschen- und 160 Pflaumenbäume belief. Kleinere Baumgärten befinden sich in fast allen Gemeinden, wo sie mit den Volksschulen verbunden sind.

15. Kreisviehversicherung.

In der Kreisschweineversicherungskasse tritt uns der letzte der Agrarbetriebe entgegen. Sie verursacht dem Kreise Tarnowitz keine Kosten. Ihr Bedarf wird durch Beiträge gedeckt.

g) Betriebe im Dienste der Kunst und der Volksbildung.
16. Theater, Volksheime.

Der oberschlesische Industriebezirk ist das gegebene Gebiet für ein Städtebundtheater. Gleichwohl erscheint die Lösung dieser Frage auf diesem Wege aussichtslos. Als Grund wird die Eifersucht der Städte angeführt. Kattowitz hat das kühne Wagnis der Gründung eines eigenen 1907 eröffneten Stadttheaters unternommen. Zu den auf 900 000 Mk. berechneten Kosten hat der Staat 160 000 Mk., die Großindustrie und andere Wohltäter 60 000 Mk. beigesteuert. Den Rest hat die Stadt aus eigenen Mitteln gedeckt. Der Theaterunternehmer hat das Haus mietfrei. Er zahlt für Heizung und Beleuchtung 7000 Mk. Der städtische Zuschuß beträgt 69 000 Mk. Von den Ausgaben entfallen 49 000 Mk. auf die Verzinsung und Tilgung des auf 700 000 Mk. berechneten ungedeckten Stammkapitals. Der Zuschuß ist in Wirklichkeit sonach weit geringer und auf höchstens 55.000 Mk. anzunehmen. Andere Wege hat man in Beuthen betreten, wo man mit dem Theater ein Gesellschaftshaus verbunden hat. Die Stadt hat zu niedrigem Zinsfuß (2 %) eine Hypothek von 300 000 Mk. hergegeben, während das Kapital der „Konzerthausgesellschaft" von dem Landkreis Beuthen und der Großindustrie sicher gestellt wurde. Außerdem leistet die Stadt einen jährlichen Zuschuß von 4000 Mk. Gleiwitz, Zabrze und Königshütte, die für den Bau eigener Theater vorerst in Frage kommen, müssen sich mit Vorstellungen in Privatsälen begnügen. In Königshütte hat sich 1904 ein Kuratorium gebildet, das sich die Veranstaltung von Theatervorstellungen durch eine eigene Truppe zum Ziele gesetzt hat. Das „Oberschlesische Volkstheater" spielt in Königshütte und den Nachbarorten.

Einen höchst beachtenswerten Versuch hat Tarnowitz mit seinem Volksheim angestellt. Als die Loge Silberfels 1903 ihren Sitz nach Beuthen verlegte, erwarb eine gemeinnützige Gesellschaft deren Vereinshaus. Sie gestaltete es zu einem Volksheim um, das zur Unterbringung und Veranstaltung von Unternehmungen dient, die die Wohlfahrt und die Fortbildung des Volkes in vaterländischem Sinne fördern. Zurzeit birgt es in seinen Mauern Volksbibliothek und Lesehalle. Volksunterhaltungsabende, Turn- und Jugendspiele werden in ihm abgehalten. Besondere Räume sind für Fortbildungsschulzwecke jeder Art bestimmt. Der Anbau eines Theatersaales soll dem Werke den Abschluß geben. Das Vorgehen des Kreises und der Stadt ist in hohem Maße beachtenswert. Die Errichtung solcher Bauten ist in zahlreichen größeren Landgemeinden mehr als erwünscht.

Sie würde eine fühlbare Lücke im Geistesleben des Industriebezirkes ausfüllen.

An Bibliotheken und öffentlichen Lesehallen, die auch höhere geistige Bedürfnisse zu befriedigen vermögen, herrscht ein beklagenswerter Mangel. Im Hinblick auf die zahlreichen Angehörigen der gebildeten Kreise werden Städte und Gemeinden dieser Aufgabe größere Sorgfalt wie bisher zu widmen haben.

Geradezu Hervorragendes ist von der Regierung auf dem Gebiete der Volksbildung geleistet worden. Das bahnbrechende Vorgehen des Oberregierungsrates Dr. Küster hat den ganzen Regierungsbezirk mit einem engen Netz von Volksbibliotheken überzogen. An allen Orten des Industriebezirks bestehen sie. Die größeren Gemeinden weisen bis zu zwei und drei auf. 900 000 Bände sind im Industriebezirk im Jahre 1908 entliehen worden.

Unter den Benutzern befindet sich ein sehr erheblicher Prozentsatz von solchen, deren Muttersprache nicht die deutsche ist[1].

Die wirtschaftliche Grundlage der Volksbibliothek bildet entweder die Gemeinde oder das Komitee. Die Aufbringung der Mittel ist in beiden Fällen die gleiche. Die Regierung und die Gemeinden gewähren Zuschüsse. Vielfach finden sich auch private Beihilfen. Für die ländlichen Ortschaften des Kreises Tarnowitz und für die meisten agrarischen Kreise des Regierungsbezirks bestehen Wanderbibliotheken. Zur Bereitstellung erhöhter Mittel empfiehlt sich in besonderem Maße der Rückgriff auf Sparkassenüberschüsse.

h) Grundeigentum.
17. Bodenpolitik.

In den Mängeln ihrer Bodenpolitik muß der Hauptgrund für die ungünstige Vermögenslage der meisten oberschlesischen Gemeinden gesucht werden. Wohin Gemeinwesen in einem Staate mit dem überspannten Privateigentumsbegriff des römischen Rechtes, wohin Gemeinden, deren Vertretungen auf dem Gebiet der Bodenfrage oft noch heute die Pfade des ökonomischen Liberalismus wandeln, ohne ausreichenden Vorrat an öffentlichem Gelände gebracht werden, zeigt uns das Beispiel von Königshütte in seiner ganzen Schärfe. Der Fiskus hat es zur Stadt erhoben, ohne ihm eine Landdotation mitzugeben. Städte und Gemeinden haben einen großen Bedarf an Boden für öffentliche Zwecke. Vor allem sind es die großen Plätze für

---

[1] Die oberschlesischen Volksbüchereien im Jahre 1908 Kattowitz bei Böhm.

Schulhäuser, deren Beschaffung nicht ohne Schwierigkeiten vor sich geht. Bei den Städten tritt der Bedarf an Grundstücken für die Betriebe hinzu. Von den Landgemeinden haben bisher nur wenige eine eigene Bodenpolitik zu führen vermocht, wenngleich sich auch hier schon beachtenswerte Ansätze zum Besseren erkennen lassen. Von der Bodenpolitik der Berg- und meist auch der Hüttengemeinde können wir hier nur das wiederholen, was wir jüngst von unserer eigenen Gemeinde an anderer Stelle gesagt haben [1]. „Der Bergbau zieht der kommunalen Bodenpolitik enge Grenzen. Der der Bergsperre unterliegende Teil der Gemarkung kommt als Bauland nicht in Betracht. Seine Erwerbung würde auf den heftigen Widerstand der Grubenverwaltungen stoßen, die ihren Grundbesitz gerade nach dieser Richtung hin zu erweitern trachten und in der Gemeinde einen gleich gefährlichen wie unbequemen Wettbewerber erblicken würden. Aus diesem Grunde muß die Verwaltung die Erweiterung des Grundbesitzes nach dieser Richtung hin aus ihren Erwägungen ausscheiden, obschon gerade die Erwerbung des von dem Wertzuwachs noch unberührten Geländes zu den sichersten Quellen kommunaler Vermögensbildung gehört. Die Bodenpolitik der Gemeinde wird zunächst darauf gerichtet sein müssen, das für Gemeindezwecke nötige Bauland bei Zeiten sicher zu stellen. Sein Erwerb wird ohne Rücksicht auf den augenblicklichen Bedarf zu erfolgen haben. Namentlich muß dies bei Schulgrundstücken geschehen, die ein größeres Areal erfordern und deren Fehlen im Augenblick des Bedarfs zu großen Verlegenheiten führen kann. Bei dem Erwerb des für neue Straßen nötigen Landes wird die Gemeinde auf unentgeltliche Abtretung hinzuwirken haben, sofern dies die Lage der Grundstücke gestattet. Die dritte Art des Erwerbes tritt dann ein, wenn Grundstücke zur Gewinnung von Straßen und Bauland erschlossen werden sollen, sofern eine kostenfreie Abtretung nicht in Frage kommt."

Glücklicher sind in dieser Hinsicht die Städte gefahren, von denen Gleiwitz, Kattowitz und Beuthen, zum Teil auch Königshütte mit einer energischen Bodenpolitik in neuerer Zeit eingesetzt haben. In manchen Gemeinden ist die Führung einer selbständigen Bodenpolitik ausgeschlossen nämlich dort, wo ein Bergwerk oder eine Hütte alles Land an sich gezogen hat, z. B. in Lipine oder im Beuthener Stadtteil Schwarzwald. Beim Mangel an verfügbaren Mitteln ist die Bildung eines Grunderwerbsfonds mit Hilfe der Anleihe ein geeignetes und von uns seit vorigem Jahr mit Erfolg angewendetes Mittel. Unser Grunderwerbsfonds soll im Laufe der Jahre nach Bedarf und Finanzlage auf 500 000 Mk. gebracht werden.

---

[1] Beiträge zur Statistik der Gemeinde Roßberg, Heft 2, S. 58.

h) Grundeigentum.

Die für ihn aufgenommenen Anleihen werden mit 2 % getilgt, so daß die Gemeinde in einem Menschenalter zu einem großen freien Kämmereivermögen gelangt. Wir haben zunächst zwei Anleihen von je 100 000 Mk. aufgenommen.

Gleiwitz[1] und Beuthen[2] besitzen ansehnliche Grundvermögen. Beide Städte haben aus vergangenen Zeiten einen wertvollen Forstbestand gerettet. Bei Beuthen kam ein bedeutendes Bergwerkseigentum hinzu, dessen größten im Bezirk Schwarzwald liegenden Teil die städtischen Kollegien in den 90er Jahren zum Preise von 3 000 000 Mk. an den Fürsten Henckel von Donnersmark verkauft haben. Heute ist die Ansicht allgemein, daß der Kaufpreis zu niedrig gewesen sei.

Wenn auch die Mehrzahl der Land- und Stadtgemeinden in neuerer Zeit zur Bildung eines Kapitalvermögens im Wege der Fondsbildung geschritten ist[3], so findet sich gleichwohl nur in einem Falle eines von nennenswerter Höhe vor. Den Stolz der Stadt Beuthen bildet der Aktivkapitalienfonds von 5 250 000 Mk.[4].

Der heutige Ertrag aus Bergbau erreicht für den Haushalt Beuthens keinen nennenswerten Umfang mehr. Einige meist aus Grundkäufen herrührende Einnahmen weisen Gleiwitz, Roßberg und andere Ortschaften auf. Die Landkreise treiben aus erklärlichen Gründen keine eigene Bodenpolitik. Sie decken ihren Bedarf von Fall zu Fall.

18. Parkanlagen.

Das Industriezentrum ist arm an Naturschönheiten. Zahlreiche Hütten und Hochöfen verunreinigen die Luft. Die Schaffung öffentlicher Gärten an rauchfreien Stellen gewinnt aus diesem Grunde erhöhte Bedeutung. Bisher haben auf diesem Gebiete nur die Städte Nennenswertes geleistet. Ihre Parks und öffentlichen Anlagen sind meist mit eigenen Gärtnereien verbunden, die sich der Anzucht der für die städtische Verwaltung erforderlichen Pflanzen widmen. In manchen Fällen so in Königshütte haben die Privatverwaltungen öffentliche Anlagen geschaffen. In den Landgemeinden ist auf diesem Gebiete bis jetzt wenig oder gar nichts geschehen. Uns

---

[1] Forst 393 ha, Wert 866 000 Mk.
[2] Forst 479 ha.
[3] Die Aktivkapitalfonds betrugen 1909 in Hohenlinde 39 000 Mk., in Bismarckhütte 131 000 Mk., in Lipine 95 000 Mk., in Roßberg 170 000 Mk., Gleiwitz 1 400 000 Mk., Zabrze 962 000 Mk., Zaborze 410 000 Mk.
[4] = 62,44 % der Schulden. Von allen preußischen Groß- und Mittelstädten hat keine einzige ein gleich günstiges Verhältnis aufzuweisen.

scheinen die Sparkassenüberschüsse ein sehr geeignetes Mittel für die Förderung dieses Zieles. Die Parkfrage ist im Kohlenrevier mit seinen entlegenen schwer erreichbaren Waldungen wichtiger denn anderswo. Vor allem müßte die Bahnverwaltung ein viel größeres Entgegenkommen für die billige Erreichung der weiter abliegenden Waldgebiete bekunden.

Mit Schrebergärten sind an manchen Orten von Verwaltungen wie von gemeinnützigen Vereinen beachtenswerte Versuche unternommen worden. Die Rückkehr zur Natur, die Wiedergewöhnung der dem Ackerbau entfremdeten Arbeiterschaft an die Freuden des Landlebens ist eine Aufgabe, die von hygienischen Gründen abgesehen, auch aus kulturellen eine eifrigere Förderung als heute verdiente. Ihre Durchführung erfordert zumeist keine Kosten.

Auf einem Gebiete weist der Bezirk günstigere Bedingungen als der Westen auf, auf dem der Eisbahnen. Der lange und kalte Winter ist dem Wintersport günstig. Auch hier finden wir das planmäßige Vorgehen der Regierung, das zur Schaffung zahlreicher Bahnen geführt hat. In Städten verdient die Verbindung von Parkverwaltung und Eisbahn den Vorzug. Sie ermöglicht die Durchhaltung eines geeigneten Personals. Die Eisbahnen decken selbst bei kleinen Eintrittspreisen die Kosten. Unter Umständen werfen sie Gewinne ab. Von der Verpachtung an Private oder Vereine ist abzusehen. Die Unternehmer sind bei geringen Leistungen für die Pflege des Sportes nur auf die Erzielung einer hohen Rente bedacht. Für die Vereine ist der Betrieb zu groß und kompliziert, als daß ihren Vorständen seine Monate dauernde Beaufsichtigung zugemutet werden könnte. Überdies stößt der Ersatz geeigneter Vereinsleiter bei dem starken Wechsel der Beamten in Oberschlesien auf Schwierigkeiten. Einzelfälle wie Troppau (Österreichisch-Schlesien) und die wirtschaftlichen Unternehmungen der Sportvereine im Westen lassen eine Verallgemeinerung für den Osten nicht zu.

IV.
Die finanzielle Bedeutung der Gemeindebetriebe.

Nachdem wir im 3. Kapitel dieser Untersuchungen eine Schilderung des Systems der Betriebe gegeben haben, gehen wir nunmehr zu dem Gemeindebetriebe und seiner finanziellen Bedeutung in den einzelnen Gemeinwesen über und lassen mit möglichster Kürze ein Verzeichnis der Betriebe. mit Angaben über ihren Ertrag nach dem Haushalt des laufenden Jahres folgen. Um ein für Vergleiche geeignetes Material zu gewinnen, setzen wir bei den Städten die Summen für zu hohe oder niedrige Licht- und Kraftpreise ab. Wir geben zunächst ein Verzeichnis der Betriebe nach den einzelnen Gemeinden.

Steuer-bedarf		Etat 1909 Überschuß	Zuschuß	Außer Etat	Bemerkungen
		Mk.	Mk.	Mk.	
	Stadtkreis Beuthen:				
	Gaswerk	56 000	—	—	Niedriger Preis für den Selbstverbrauch.
	Wasserwerk	21 500	—	+ 20 000	An die Kanalkasse.
	Elektrizitätswerk	65 000	—	—	Niedriger Preis für den Selbstverbrauch.
	Kanalisation und Müllverbrennung	—	10 100 10 500	— 20 000	Tilgung 1¼%.
	Sparkasse	—	—	ca. 50 000	Zum Reservefonds.
	Märkte	20 000	—	—	
	Grubenverwaltung . . .	5 360	—	—	
	Schlachthaus	19 500	—	—	
	Viehhof	12 000	—	—	
	Forstverwaltung	2 750	—	—	
	Eichamt	400	—	—	
	Parkverwaltung	—	29 200	—	
	Steuerfreie Niederlage[1] .	—	4 580	—	
	Übertrag	202 510			

[1] In den Verzeichnissen finden sich mehrere Betriebe, die wir wegen ihrer geringen finanziellen und wirtschaftlichen Bedeutung nicht besprochen haben, z. B. die Eichämter. Die Stadt Beuthen hat zur Erleichterung des Warenhandels ein Zolllager geschaffen. Obwohl der Handel an dem Bestehen einer derartigen Einrichtung ein erhebliches Interesse hat, wird sie nicht genügend benutzt. Sie erfordert Zuschüsse.

IV. Die finanzielle Bedeutung der Gemeindebetriebe.

Steuer-bedarf		Etat 1909 Überschuß	Zuschuß	Außer Etat	Bemerkungen
Mk.		Mk.	Mk.	Mk.	
	Stadtkreis Beuthen:				
	Übertrag	202 510	—		
	Badeanstalten[1]	—	8 560	—	
	Krankenhaus[2]	—	32 500	—	
	Waisenhaus	—	9 000	—	
	Marstall[3]	—	—	—	
	Städtische Lagerplätze[4]	—	—	—	
1 776 000		202 510			
	Hierzu Gaswerk ferner	35 000			Siehe S. 19.
	„ Wasserwerk	20 000		—	Zuschuß an die Kanalkasse.
		257 510			= 14,5% des Bedarfes.
	Stadtkreis Königshütte.				
	Elektrizitätswerk	43 150	—	—	Freies elektrisches Licht für öffentliche Zwecke.
	Wasserwerk	64 670	—	—	
	Schlachthaus	10 000	—	—	
	Sparkasse	—	—	35 000	Zum Reservefonds.
	Eichamt	—	1 000	—	
	Auguste Viktoriastift	—	23 500 }	—	Für Verpflegung der Ortsarmen.
		—	7 800 }		
	Krankenhaus	—	33 190	—	
	Markthalle	13 220	—	—	
	Öffentliche Märkte	2 500	—	—	
	Redenberg und öffentliche Anlagen	—	20 020	—	
	Leihhaus	—	—	+ 1 600	
		133 540			
	Elektrizitätswerk ferner	40 000	—	—	Wert des Eigenverbrauches.
1 846 000		173 540			= 9½% des Bedarfes.

[1] Eine große öffentliche Badeanstalt findet sich in keiner einzigen Stadt des Industriebezirkes. Der Magistrat hat in anerkennenswerter Weise in einem Teile des Stadtparkes ein Freischwimmbad geschaffen. Die Körperpflege besitzt eine besondere Bedeutung wegen der Verunreinigung, der die Kohlengräber bei der Arbeit unter Tage ausgesetzt sind. Die Grubenverwaltungen sind allenthalben zum Bau von Badeeinrichtungen übergegangen. Es ist zu erwarten, daß mit der Zeit auch hierin eine Wendung zum Besseren eintritt, zumal das Verständnis für die hohe gesundheitliche Bedeutung des Bades auch von den Schulen gepflegt wird, deren neuere Systeme zumeist über Brausebäder verfügen.

[2] Die Krankenhausfrage ist sonderbarerweise nicht zu der Bedeutung wie an anderen Orten gediehen. Der Grund liegt darin, daß die Knappschaft und die Hütten in weitestem Umfange zur Errichtung eigener und durchweg vorzüglicher Lazarette übergegangen sind. Aus diesem Grunde sind die Gemeinden und Kreise in geringerem Maße wie anderswo zu der Errichtung eigener Krankenhäuser genötigt worden.

[3] Marställe finden sich bei fast allen größeren Verwaltungen. Auch die Landgemeinden gehen mehr und mehr zu ihrer Errichtung über.

[4] Eine besondere Beachtung verdient der Versuch der Stadt Beuthen, Spekulationsgebäude durch die Errichtung von Lagerplätzen zu verwerten.

IV. Die finanzielle Bedeutung der Gemeindebetriebe.

Steuer=bedarf		Etat 1909 Über=schuß	Etat 1909 Zu=schuß	Außer Etat	Bemerkungen
Mk.	**Stadtkreis Gleiwitz**	Mk.	Mk.	Mk.	
	Gaswerk	45 000	—	—	
	Wasserwerk	34 687	—	—	
	Elektrizität	10 000	—	—	
	Schlachthof	—	—	—	
	Sparkasse	—	—	20 300	+ 40 000 Mk. zum Reserve=fonds.
	Forstverwaltung	10 600	—	—	
	Krankenhaus	—	16 210	—	
	Hospital	—	—	—	
	Alters= und Siechenheim	—	7 400	—	
	Märkte	26 883	—	—	
	Produktenmarkt	800	—	—	
	Wage	870	—	—	
	Anschlagsäulen	940	—	—	
	Friedhöfe[1]	2 816	—	—	
	Eisbahn	700	—	—	
	Promenadenverwaltung	—	17 300	—	
	Eichamt	820	—	—	
	Abgabe der Straßenbahn	4 650	—	—	
2 154 000		138 766			
	Ab für zu hohen Ertrag des Gaswerkes	29 000			
		109 766			= 5% des Bedarfes.
	Stadtkreis Kattowitz.				
	Gaswerk	86 000	—	—	
	Wasserwerk	51 000	—	—	
	Elektrizitätswerk	42 000	—	—	
	Schlachthof	4 000	—	—	
	Sparkasse	—	—	80 000	
	Märkte	30 000	—	—	
	Eichamt	900	—	—	
	Öffentliche Niederlage	—	2 000	—	
	Promenadenverwaltung	—	39 000	—	
	Krankenhaus	—	72 000	—	
	Stadttheater	—	69 200	—	
	Badehaus	—	17 700	—	
	Kanalisation	—	—	—	
	Armenhaus	—	91 000	—	
			213 900		
	Ab für zu hohen Ertrag des Gaswerkes		26 000		
1 527 000			187 900		= 12% des Bedarfes[2].

[1] Wie allenthalben im Osten sind die Friedhöfe Sache der Kirchengemeinden, nicht der Zivilgemeinden, obschon diese in größeren Ortschaften vermöge ihrer Boden=politik viel eher in der Lage sind, für die Bereitstellung von Grundstücken zu sorgen. Die einzige Ausnahme macht Gleiwitz.
[2] Dieses Verhältnis gestaltet sich besser, wenn Sparkassenüberschüsse verwendet werden dürfen.

IV. Die finanzielle Bedeutung der Gemeindebetriebe.

Kreis-steuern		Etat 1909 Überschuß	Etat 1909 Zuschuß	Außer Etat	Bemerkungen
Mk.	**Landkreis Beuthen.**	Mk.	Mk.	Mk.	
	Wasserwerke	—	—	—	
	Kreisbauamt als Prüfungsstelle für Baugesuche	4 000	—	—	
	Kreisinvalidenhaus . . .	—	14 000	—	
	Kreiskrankenhaus . . .	—	5 450	—	
598 000	Aus Sparkassenüberschüssen	48 290	—	80 000	Zum Reservefonds.
	Landkreis Kattowitz.				
	Wasserwerk	—	—	ca. 60 000	Für hohe Abschreibungen.
	Kreisbaubank	—	—	20 000	Zum Reservefonds.
466 000	Kreissparkasse.	—	—	ca. 80 000	Zum Reservefonds.
	Landkreis Zabrze.				
	Kreisblatt	—	1 000	—	
414 000	Kreissparkasse.	—	—	68 000	Zum Reservefonds.
	Landkreis Tarnowitz.				
	Kreiswaisenhaus . . .	—	8 000	—	
	Kreisziegenfarm	—	1 600	—	
	Kreisbaumschule	—	200	—	
	Kreiswanderbibliothek . .	—	200	—	
	Kreiskrankenhaus . . .	—	6 930	—	
	Kreisschweineversicherungskasse	—	—	—	
	Kreiswasserwerk	—	—	—	
	Kreisbaupolizeiamt . . .	—	—	—	
330 000	Kreissparkasse	—	—	35 000	Zum Reservefonds.
	Myslowitz.				
	Gaswerk	50 000	—	—	
	Wasserwerk	30 000	—	—	
	Schlachthof	11 900	—	—	
	Sparkasse	—	—	20 000	Zum Reservefonds.
	Krankenhaus	—	18 000	—	
	Kanäle.	—	7 839	—	
Steuerbedarf.		91 900			
	Ab für zu hohen Ertrag des Gaswerkes . . .	6 500			= 18 % des Bedarfes.
478 000		85 400			
	Tarnowitz.				
	Gaswerk	7 150	—	7 150	
	Wasserwerk	2 100	—	—	
	Schlachthof	3 800	—	—	
	Sparkasse	—	—	4 000	Zum Reservefonds.
	Stadtpark	—	1 300	—	
	Märkte.	6 900	—	—	
		19 950			
	Hierzu für zu geringen Ertrag des Gaswerkes . .	11 500			
275 000		31 450			= 11 % des Bedarfes.

IV. Die finanzielle Bedeutung der Gemeindebetriebe. 73

Steuer=bedarf		Etat 1909 Über=schuß	Zu=schuß	Außer Etat	Bemerkungen
Mk.	**Zabrze:**	Mk.	Mk.	Mk.	
	Gaswerk	16 000	—	—	
	Wasserwerk	19 000	—	—	
	Schlachthof	—	—	—	
	Märkte	22 000	—	—	
	Leihhaus	—	—	3 300	
	O.E.W.	6 500	—	—	
	Krankenhaus	—	8 650	—	
	Anschlagsäulen	550	—	—	
		64 050			
	Ab für zu hohen Ertrag des Gaswerkes . . .	11 000	—	—	
1 248 000		53 050			= 4 % des Bedarfes.
	Zaborze.				
	Wasserwerk	8 000	—	—	
	Leihanstalt	—	—	—	
	O.E.W.	1 500	—	—	
	Gaswerk	3 000	—	—	Gewinnanteil der Anstalt in Zabrze.
	Märkte	5 000	—	—	
	Schlachthof	3 000	—	—	
	Siechenhaus	—	5 970	—	
755 000		20 500			= 3 % des Bedarfes.
	Bogutschütz=Zawodzie.				
	Wasserwerk	7 500	—	—	
	O.E.W.	400	—	—	
	Märkte	—	—	—	
	Kanäle	—	2 700	—	
	Krankenhaus	—	1 350	—	
355 000		8 100			= 2 % des Bedarfes.
	Bismarckhütte.				
	Wasser	—	3 000	—	
	O.E.W.	350	—	—	
	Märkte	2 200	—	—	
	Kanäle	—	—	—	
	Wachkontrolle	—	—	—	
514 000		2 550			
	Roßberg.				
	Wasser	—	4 500	—	
	Kanal	—	37 000	—	
	O.E.W.	450	—	—	
443 000	Pflegehaus	—	1 250	—	
	Lipine.				
	Märkte	7 000	—	—	
	Wasserleitung	—	2 500	—	
	O.E.W.	300	—	—	
	Leihhaus	—	—	—	
(1908) 375 000		7 300			= 2 % des Bedarfes.

IV. Die finanzielle Bedeutung der Gemeindebetriebe.

Steuer-bedarf		Etat 1909 Über-schuß	Zu-schuß	Außer Etat	Bemerkungen
Mk.		Mk.	Mk.	Mk.	
	Schwientochlowitz.				
	Wasserwerk	—	2 000	—	
188 000	O.E.W.	270	—	—	
	Laurahütte.				
	Wasser	35 500[1]	—	—	[1] Vgl. das Kap. Kanäle.
	Kanal	—	32 000	—	Gewinn 1000 Mk.
	Märkte	4 500	—	—	
284 000		40 000			= 2 % des Bedarfes.
	Siemianowitz.				
	Wasser	38 000	—	—	
	Kanal	—	35 000[1]	—	[1] Wie vor. Gewinn ca.
	Märkte	1 500	—	—	8000 Mk.
267 000		39 500			= 3½ % des Bedarfes.
	Zalenze.				
	Wasserwerk	—	8 000	—	
279 000	Kanal	—	8 400	—	
	Biskupitz.				
	Märkte	2 180	—	—	
	Wasserwerk	7 000	—	—	
	Kanäle	—	—	—	
	O.E.W.	1 200	—	—	
150 000		10 380			= 7 % des Bedarfes.
	Mikultschütz.				
	Märkte	2 000	—	—	
	Wasserwerk	500	—	—	
	Elektrizitätswerk . . .	—	1 400	—	
120 000		2 500			= 2 % des Bedarfes.
	Chorzow.				
	Wasserwerk	—	2 900	—	
	Märkte	2 700	—	—	
	O.E.W.	120	—	—	
	Krankenhaus	—	3 400	—	
177 000		2 820			
	Rosdzin.				
	Märkte	250	—	—	
	Wasserwerk	—	9 000	—	
	Lazarett	600	—	—	An einen Verband vermietet.
	O.E.W.	300	—	—	
395 000		1 150			
	Schoppinitz.				
	Wasserwerk	—	3 800	—	
	Kanäle	—	—	—	
144 000	O.E.W.	40	—	—	
	Domb.				
	Wasserleitung	4 700[1]	—	—	[1] Ohne Anleihen.
	Kanal	2 000[1]	—	—	
	O.E.W.	700	—	—	
169 000		7 400			= 4½ % des Bedarfes.

IV. Die finanzielle Bedeutung der Gemeindebetriebe.

Steuer-bedarf		Etat 1909 Über-schuß	Etat 1909 Zu-schuß	Außer Etat	Bemerkungen
Mk.	Ruba.	Mk.	Mk.	Mk.	
152 000	Alle technischen und wirtschaftlichen Angelegenheiten einschließlich Polizei, Standesamt, und Armenwesen sind Sache des Kommunalverbandes.				
	Scharley.				
	Märkte	250	—	—	
213 000	Wasser	—	1 000	—	
	Deutsch-Piekar.				
60 000	Wasserleitung	—	160	—	
	Hohenlinde.				
	Wasserleitung	300	—	—	
147 000	O.E.W.	600	—	—	
		900			
	Radzionkau.				
	Wasserleitung	—	—	—	
68 000	Märkte	1 800	—	—	= 3% des Bedarfes.
	Bielschowitz.				
	Märkte	1 160	—	—	
75 000	Wasserleitung	—	2 500	—	
	Miechowitz.				
	Märkte	800	—	—	
	Wasserleitung	800	—	—	
	Elektrizitätswerk . . .	—	—	—	
84 000		1 600			= 2% des Bedarfes.
	Chropaczow-Schlesiengrube:				
	Badehaus	400	—	—	
	Wasserleitung	—	5 100	—	
	Bobreck.				
	Markt	1 300	—	—	
130 000	Wasser	—	1 000	—	
	Neuheiduck.				
	Wasser	—	870	—	
130 000	O.E.W.	150	—	—	
	Karf.				
50 000	Wasser	700	—	—	
	Orzegow.				
	Markt	1 100	—	—	
	Wasser	—	—	—	
	Elektrizitätswerk . . .	700	—	—	und freie Beleuchtung.
171 000		1 800			

IV. Die finanzielle Bedeutung der Gemeindebetriebe.

Steuer-bedarf		Etat 1909 Über-schuß	Etat 1909 Zu-schuß	Außer Etat	Bemerkungen
Mk.		Mk.	Mk.	Mk.	
	Eichenau.				
	Markt	1 700	—		
	Wasser	—	4 100	—	
	Lazarett	—	3 000	—	Verband mit Rosdzin.
	Neudorf.				
	Markt	1 500	—	—	
	Wasser	300	—	—	
	Kanal	400	—	—	
61 000		2 200			= 3% des Bedarfes.
	Kochlowitz.				
	Markt	1 300	—	—	
51 000	Wasser	—	1 000	—	

Die Betriebseinnahmen im Verhältnis zum Steuerbedarf und zu den Zuschlägen.

Gemeinde	Einnahmen aus Steuern	Einnahmen aus Betrieben	Die Betriebs-einnahmen stellen dar Prozente der Steuern	Prozente des umlage-fähigen Steuer-solls
	Mk.	Mk.		
Myslowitz	478 000	85 400	18	40
Beuthen	1 776 000	257 510	14,5	28
Kattowitz	1 527 000	187 900	12	27
Tarnowitz	275 000	31 450	11	26
Königshütte	1 846 000	173 540	9,5	23
Biskupitz	150 000	10 380	7	16
Gleiwitz	2 154 000	109 766	5	12
Zabrze	1 248 000	53 050	4	10
Siemianowitz	267 000	9 500	3,5	7
Domb	169 000	7 400	4	7
Zaborze	755 000	20 500	3	6
Radzionkau	68 000	1 800	3	8
Neudorf	61 000	2 200	3	6
Bogutschütz	355 000	8 100	2	6
Lipine	375 000	7 300	2	3
Laurahütte	284 000	5 500	2	4
Mikultschütz	120 000	2 500	2	4
Miechowitz	84 000	1 600	2	8

Unter 2% unter anderen Bismarckhütte, Roßberg, Schwientochlowitz, Zalenze, Ruda.

IV. Die finanzielle Bedeutung der Gemeindebetriebe. 77

Die Betriebseinnahmen im Vergleich zur Einwohnerzahl.

Gemeinde	Einnahmen aus Betrieben	pro Kopf
	Mk.	Mk.
Beuthen	257 500	ca. 4,—
Kattowitz	187 900	ca. 4,50
Königshütte	173 540	ca. 2,50
Gleiwitz	109 766	ca. 1,70
Myslowitz	85 400	5,—
Tarnowitz	31 450	2,40
Zabrze	53 050	0,80
Zaborze	20 500	0,80
Bogutschütz	8 100	0,40
Bismarckhütte	2 550	0,10
Roßberg	450	—
Lipine	7 300	0,40
Schwientochlowitz	270	—
Laurahütte	5 500	0,30
Siemianowitz	9 500	0,60
Zalenze	—	—
Biskupitz	10 380	0,70
Chorzow	2 850	0,30
Rosdzin	1 150	0,10
Schoppinitz	—	—
Domb	7 400	0,70
Hohenlinde	900	0,10
Radzionkau	1 800	0,20
Bielschowitz	1 160	0,10
Miechowitz	1 600	0,20
Bobrek	1 300	0,20
Karf	700	0,10
Orzegow	1 800	0,20
Eichenau	1 700	0,20
Neudorf	2 200	0,30
Kochlowitz	1 300	0,20

Vergleichen wir den Steuerbedarf der Gemeinden mit den Betriebs=
einnahmen, so ergeben sich wesentliche Verschiedenheiten. Den größten Be=
darf hat Gleiwitz (2 154 000 Mk.), dem Königshütte (1 846 000 Mk.),
Beuthen (1 776 000 Mk.), Kattowitz (1 527 000 Mk.) und Zabrze
(1 248 000 Mk.) folgen. Ihnen reihen sich Zaborze (755 000 Mk.), Bismarck=
hütte (514 000 Mk.), Myslowitz (478 000 Mk.) und Roßberg (443 000 Mk.)
an. In weitem Abstande folgen Rosdzin (395 000 Mk.), Lipine (375 000 Mk.),
Bogutschütz (355 000 Mk.), Laurahütte (284 000 Mk.), Zalenze (279 000 Mk.),
Siemianowitz (267 000 Mk.) und Scharley (213 000 Mk.). Unter 200 000 Mk.
erheben Schwientochlowitz (188 000 Mk.), Chorzow (177 000 Mk.), Orzegow
(171 000 Mk.), Hohenlinde (147 000 Mk.), Schoppinitz (144 000 Mk.),

IV. Die finanzielle Bedeutung der Gemeindebetriebe.

Domb (169 000 Mk.), Ruda (152 000 Mk.), Biskupitz (150 000 Mk.), Mikultschütz (120 000 Mk.), Bobrek (130 000 Mk.) und Neu-Heiduk (130 000 Mk.). Die kleineren unter 100 000 Mk. erhebenden Gemeinden können aus unseren Betrachtungen ausscheiden. Eine ganz andere Reihenfolge bringt uns die Einnahme aus den Betrieben, also die, die gleichfalls durch Steuern gedeckt werden müßte, sofern sie nicht den Gemeinden mühelos zuflösse. An weitaus erster Stelle steht Beuthen mit $^1/_4$ Mill. Mk., dem Kattowitz (188 000 Mk.) und Königshütte (173 000 Mk.) in weitem Abstand folgen. Ansehnliche Beträge erzielen noch Gleiwitz (110 000 Mk.) und Myslowitz (85 000 Mk.). Leidlich hoch sind sie bei Zabrze (53 000 Mk.) und Tarnowitz (31 000 Mk.), während sie bei allen übrigen Gemeinden vielleicht noch mit alleiniger Ausnahme von Zaborze (20 500 Mk.) und Biskupitz (10 400 Mk.) keinen nennenswerten Umfang erreichen. In allen anderen Gemeinden bewegen sich die Einnahmen in mittleren, zum Teil mäßigen Grenzen, während sie bei verschiedenen größeren Gemeinden, z. B. Bismarckhütte, Roßberg, Schwientochlowitz, Zalenze und Ruda zur vollkommenen Bedeutungslosigkeit herabsinken. Setzen wir die Einnahmen aus den privatwirtschaftlichen Betrieben in Beziehung zu denen aus den Steuern, so ergibt sich wiederum eine andere Zusammensetzung. Auch hier finden wir wiederum die scharfe Scheidung zwischen Städten und Landgemeinden. Bei diesem Vergleich nähern wir uns dem Kern der Frage: in welcher Weise bedeuten die heutigen Betriebe einen Ersatz für Steuern. Weitaus an erster Stelle, alle übrigen hinter sich lassend steht Myslowitz (18%). Beuthen und Kattowitz (14$^1/_2$ und 12%) stehen hiergegen schon weit zurück. Tarnowitz (11%) und Königshütte (9$^1/_2$%) weisen noch leidliche Verhältnisse auf, während Gleiwitz mit 5% Biskupitz mit seinen 7% den Vorrang einräumen muß. Bei Zabrze betragen die Einnahmen noch 4%, bei Domb und Siemianowitz noch 3%. Unter den übrigen Gemeinden, bei denen sie nicht ganz ohne Einfluß sind, finden wir mehrfach relativ kleine und sonst recht leistungsschwache. Bei einer großen Zahl von Landgemeinden erweisen sich die Betriebseinnahmen auch in diesem Verhältnis als wirtschaftlich bedeutungslos. Zu einer weiteren Statistik haben die Unterlagen gefehlt, da die Etats der größeren Städte keine Angaben über die Steuerkraft enthalten. Gleichwohl kann man auch ohne sie unter Zuhilfenahme der allgemeinen Umlageprozente zu einem ungefähren Ergebnis gelangen, um wieviel sich die Umlagen erhöhen würden, wenn den Gemeinden die Betriebseinnahmen fehlten. Bei der verschiedenen Höhe der Realsteuern sind hier nur ungefähre Angaben möglich. Immerhin läßt sich im Wege der Kombination ein annähernd brauchbares Vergleichsmaterial gewinnen. Weit vor allem steht

IV. Die finanzielle Bedeutung der Gemeindebetriebe. 79

Myslowitz mit 40 % der Zuschläge. Mit annähernd gleichen Verhältnissen reihen sich Beuthen (28 %), Kattowitz (27 %) und Tarnowitz (26 %) an. Auf fast gleicher Stufe steht Königshütte (23 %). Die übrigen folgen im weiten Abstand. Auch hier steht Biskupitz wieder in vordersten Reihen (16 %), Gleiwitz (12 %) und Zabrze (10 %) weit überholend. Ihnen folgen zwei Gemeinden mit den höchsten Zuschlägen Miechowitz und Radzionkau mit 8 %, die alte Erfahrung bestätigend, welche ungeahnte Bedeutung die indirekten Steuern und privatwirtschaftlichen Einnahmen in leistungsschwachen Gemeinden zu erringen vermögen.

V.
Schluß. Rückblick.

Ein Überblick über die Städte zeigt uns durchweg Erfreuliches. Allenthalben ein scharfes Hervorkehren des privatwirtschaftlichen Moments, überall das rege Streben, die Steuerkraft durch die Einnahmen aus den Werken zu schonen. Mit rastlosem Eifer sehen wir die leitenden Kreise die Mängel ausmerzen, die Zeiten anderer wirtschaftlicher Anschauungen ihre Entstehung verdanken. Überall das gleiche Bild eigener Märkte und Wasserverteilung. Die Stadt spendet Licht und Strom oder sie ist an seiner Lieferung beteiligt. Überall Schlachthöfe und Sparkassen. Eine großzügige Bodenpolitik widmet sich der Schaffung eines großen Stadtvermögens. Allenthalben große Kanalanlagen vollendet oder im Bau. Dem modernsten Stadium des Munizipalsozialismus, der Schaffung eigener Bahnen, hat sich eine Gemeinde bereits genähert. Die Städte weisen sonach auf dem Gebiet der Gemeindebetriebe die gleiche Entwicklung wie andere reichsdeutsche zum Teil eine intensivere auf. Gleichwohl muß aus Gründen, die in den Grenzen des Gemeindesozialismus liegen, die Entwicklung im allgemeinen als abgeschlossen gelten.

Ein anderes Bild zeigen uns die Kreise. Von ihrem Munizipalsozialismus gilt, daß die jeweiligen Kreischefs ihm das Gepräge ihrer Persönlichkeit verliehen haben. Was sich in landwirtschaftlichen Kreisen erzielen läßt, zeigt uns Tarnowitz mit beachtenswerten Beispielen.

Die eigenartigsten Verhältnisse finden sich bei der großen Landgemeinde. Sie ist ein Gebilde unserer Tage, die Konsequenz großindustrieller Betätigung auf kommunalem Gebiete, sie ist eine Begleiterscheinung der Industrialisierung des platten Landes. Bei ihr bewegt sich die Betätigung auf privatwirtschaftlichem Gebiete in den Anfängen, zum Teil schlummert sie noch. Wir schauen hier die gleichen Verhältnisse wie bei allen kommunalen Neubildungen, die in den ersten Jahrzehnten nach der Landgemeindeordnung verwaltet werden, um dann entweder in großen

V. Schluß. Rückblick.

Nachbarorten aufzugehen (Eingemeindungen) oder zu Städten erhoben zu werden (Berliner Vororte). Das Zurücktreten des privatwirtschaftlichen Moments in den ersten Zeiten seines Bestehens ist eine Erscheinung, die uns allenthalben bei dem Riesendorf entgegentritt. Sein Werden nötigt zunächst zur Schaffung von Einrichtungen auf kommunalobligatorischem Gebiet. Die schnellwachsende Bevölkerung konzentriert die Tätigkeit der Verwaltung auf das Schulwesen. Ausbau des Beamtenorganismus und der Polizei halten gleichen Schritt. Die Durchführung des Bebauungsplanes und die Schaffung eines modernen Straßennetzes nimmt die Schaffenskraft des Bürgermeisters und die Geldmittel des Gemeinwesens in weitestem Umfang in Anspruch. So sehen wir das Emporium sich zunächst zur Gemeinde des Polizeistaates gestalten, sehen seine Tätigkeit zur Bereitstellung des Finanzbedarfes vorerst in rein steuerlichen Bahnen sich bewegen. Die Landgemeinden des Kohlenreviers befinden sich noch fast alle auf dieser Stufe. Mit der Erkenntnis von der Erschöpfung der Steuerquellen wächst die Überzeugung, daß weitere Einnahmen auf wirtschaftlichem Gebiete gesucht werden müssen. Sie wird gefördert durch die Notwendigkeit, den Bürgern die Vorteile zu erschließen, die zentrale Licht= und Wasserversorgung, gemeinsame Schlachtstätten und sonstige Kommunalbetriebe gewähren. Mit dem Ausbau ihrer Gemeindebetriebe werden die Landgemeinden zu Städten.

Wollen wir den Begriff Stadt in modernem Sinne werten, so müssen wir das von der Statistik gewählte Kriterium der Volkszahl ausscheiden. Die Anhäufung einer großen Menschenmenge auf begrenztem Boden beweist uns zunächst nur das Vorhandensein einer Agglomeration nicht das einer städtischen Siedelung. Ein Gemeinwesen ist Stadt in modernem Sinne, wenn es nicht nur nach Art einer jeden Dorfgemeinde seinen obligatorischen Aufgaben gerecht wird, sondern dann, wenn es durch seine Betätigung auf privatwirtschaftlicher Grundlage seinen Bürgern alle die Vorteile verschafft, deren Gewährung Technik und Wirtschaft ermöglicht. Eine Gemeinde ist Stadt, wenn sie über ein ausgebautes System des Munizipalsozialismus verfügt. Wir finden es bei Zabrze, dem größten der Riesendörfer schon heute. Bei vielen anderen zeigen sich beachtenswerte Ansätze. Bei den meisten mittleren und bei fast allen kleineren sind erst Anfänge dieser Entwicklung festzustellen.

Die Teilnahme der Vororte an den Betrieben der Nachbarstädte findet sich im Gegensatz zu anderen Bevölkerungszentren nur vereinzelt. Bei Gleiwitz, Königshütte und Kattowitz vermissen wir sie ganz. Bei Beuthen sind erst einzelne Ausläufer vorhanden.

V. Schluß. Rückblick.

Eines haben unsere Untersuchungen dargetan. Die Konzentration der Munizipalbetriebe und Betriebe zur Versorgung zahlreicher Gemeinden durch einen Privatunternehmer in einem für reichsdeutsche Verhältnisse seltenen Umfange. Die Kleinbahnen, die Wasser- und Elektrizitätsversorgung bauen sich ausschließlich auf dieser Grundlage auf. Einzelwerke gehören bei ihnen zu den Ausnahmen.

Der letzte und für die Praxis wichtigste Zweck unserer Schrift galt der Prüfung der Frage, ob nicht die ungünstige Finanzlage der meisten Landgemeinden durch die Schaffung neuer Betriebseinnahmen gebessert werden könne. Der Weg der Erschließung von Einkünften aus Gas- und Elektrizitätswerken hat sich im allgemeinen als nicht gangbar erwiesen. Er ist der Gegenwart wegen der Verträge mit der O.E.W. zumeist verschlossen. Erst das kommende Geschlecht wird an den Ausbau der Gemeindefinanzen nach dieser Richtung hin heranzutreten vermögen. Sind auch diese Betriebe kommunaler Betätigung zumeist entzogen, so gibt es gleichwohl noch manche Wege zum Ziele. Der ebenste und nächste ist für alle die Erschließung von Einnahmen aus den Wasserwerken. Die größeren Kommunen werden durch die Errichtung von Sparkassen in absehbarer Zeit ansehnliche Einnahmen zu schaffen vermögen. Und auch auf manch anderem Felde ist die Gewinnung neuer Einnahmen nach Lage des Einzelfalles wohl zu erreichen. Über eins aber dürften alle, Gemeinden und Regierung, Bürgerschaft und Steuerzahler einig sein, daß die Schaffung privatwirtschaftlicher Einnahmen für die Landgemeinden heute notwendiger denn je ist.

Die Gemeinden bedürfen ihrer und die Notwendigkeit sie zu besitzen wird sie hervorbringen.

Printed by Libri Plureos GmbH
in Hamburg, Germany